Konrad R. Müller · Peter Scholl-Latour
HELMUT KOHL

HELMUT KOHL

FOTOGRAFIERT
VON KONRAD R. MÜLLER

MIT EINEM ESSAY
VON PETER SCHOLL-LATOUR

BASTEI-LÜBBE-TASCHENBUCH
Band 61215

© 1990 by Gustav Lübbe Verlag GmbH,
Bergisch Gladbach
Printed in Germany, November 1991
Titelbild: Konrad R. Müller
Satz: Kremerdruck GmbH, Lindlar
Druck und Bindung: Universitätsdruckerei
H. Stürtz AG, Würzburg
ISBN 3-404-61215-9

Der Preis dieses Bandes versteht sich einschließlich
der gesetzlichen Mehrwertsteuer.

INHALT

Versuch
über Helmut Kohl
9

Unterwegs
101

Sankt Gilgen
113

Bonn
121

Ruhe
137

Polen
143

Dresden
151

Am Atlantik
159

Zu den Fotografien
165

Über die Autoren
173

»Staatskunst besteht darin,
schon im Blick auf die nächste Generation
die notwendige Entscheidung zu treffen.«

VERSUCH ÜBER HELMUT KOHL

»Pas de héros, pas de monstres«
»Wo keine Helden sind, gibt es auch keine Ungeheuer«
Gustave Flaubert

Über einen lebenden Politiker oder Staatsmann zu schreiben, ist schwer und risikoreich. Da droht jeder Essay zum Torso zu mißraten, allzuviele Optionen bleiben offen, und der Ausgang ist ungewiß. Schon bei Sophokles heißt es, kein Mensch solle sich vor seinem Tod glücklich schätzen. Und Glück ist Helmut Kohl über die Maßen beschieden worden. Das ist nicht abwertend gemeint. Alle großen Monarchen haben von ihren Feldherren verlangt, daß sie neben anderen Tugenden vor allem »Fortüne« besäßen. Ob Kohl ein Sonntagskind sei, habe ich einmal gefragt, ob er – wie es im deutschen Märchen heißt – mit einer »Glückshaut« geboren wurde.

Aber der heutige Kanzler ist ganz schlicht an einem Donnerstag zur Welt gekommen.

So mancher wird sich wundern, warum ich mich zu diesem Fragment eines Porträts bereitgefunden habe. Eine alte persönliche Bindung mag dabei eine Rolle gespielt haben, aber vor allem reizt es mich, wieder einmal gegen den Strom zu schwimmen.

Wer über Helmut Kohl anders als abwertend oder hämisch berichtet, durchbricht in der Bundesrepublik ein publizistisches Tabu. So absurd es klingt, es gehört Mut dazu, über den derzeitigen deutschen Regierungschef und dessen politische Rolle gelassen und gerecht zu schreiben. Dieser Mann, der von seinen Anhängern als der »meistunterschätzte Politiker unserer Tage« bezeichnet wird, ist überdies zu einem Zeitpunkt in die höchste deutsche Verantwortung gestellt, in die nationale und europäische Pflicht genommen worden, die ohne Übertreibung und Pathos als geschichtsträchtig bezeichnet werden muß. Schon vergleicht man das Jahr 1989 mit dem Fanal von 1789. Über das Format des Kanzlers läßt sich streiten; die ungeheuerliche Dimension der Epoche sowie der kontinentalen Herausforderung, mit der er sich konfrontiert sieht, steht außer Zweifel. Um bei Sophokles zu bleiben: Helmut Kohl – mehr »Hans im Glück« als Ödipus – bewegt sich auf dem steilen Pfad nach Theben, und am Wegrand wartet die Sphinx der Geschichte.

In einem bemerkenswerten Kommentar der »Wirtschaftswoche« ist Helmut Kohl als »Anti-Held« dargestellt worden. Man erlaube mir, Wolfram Engels im Wortlaut zu zitieren, wenn er das »Helmut-Kohl-Syndrom« beschreibt: »Er (der Kanzler) kann erreichen, was er will, seine sachlichen Erfolge mögen groß sein, ja er könnte Wunder bewirken – seinem Ansehen und der Sympathie, die er genießt, nützt das alles nichts. Kohl ist in der Sache neben Adenauer, vielleicht aber sogar vor ihm, der erfolgreichste Kanzler der Bundesrepublik. Einen siebenjährigen Wirtschaftsaufschwung, dessen Ende sich immer noch nicht abzeichnet, hat es noch nicht gegeben. Das Jahr 1989 könnte, real und in absoluten Zahlen gemessen, das wirtschaftlich erfolgreichste seit Gründung der Republik werden. Die Zahl der Beschäftigten ist um gut 1,5 Millionen gestiegen. Unter Kohl wurde die Geldwertstabilität wiedergewonnen, der Staatsanteil am Sozialprodukt – nach unmäßigem Wachstum in der Dekade davor – zurückgeführt, die Steuerlast sinkt. Die Arbeitszeit ist gesunken, und sogar die mittlere Lebenserwartung der Deutschen ist um ein Jahr gestiegen. Im Äußeren erscheint die Kriegsgefahr geringer als je seit dem Zweiten Weltkrieg, und die europäische Einigung macht, nach fünfzehn Jahren der Stagnation, wieder kräftige Fortschritte. Ein rundes Bild: Wir leben besser, länger, sorgloser denn je. – Dem Ansehen des Kanzlers ist das schlecht bekommen.«

Das Wort ist gefallen: der Anti-Held. Aber schon stellen sich über den Casus Kohl hinaus ganz andere Fragen. Bietet unsere Parteiendemokratie, unsere durch Technologie scheinbar gebändigte Gesellschaft, bietet die

Skepsis der Massen – Frucht einer allgegenwärtigen Informationsberieselung – überhaupt noch Raum für politische Größe? Wer möchte nach Hitler und Stalin überdimensionale Führergestalten herbeirufen, wo doch das Abgleiten der Tyrannis in namenloses Entsetzen in frischer Erinnerung ist? Für Helden ist kein Platz mehr. Im zwanzigsten Jahrhundert wurde eine Tradition der Heroenverehrung zu Grabe getragen, die in die Anfänge der Menschheit zurückreicht. »De viris illustribus« gehört längst nicht mehr zum elementaren Lehrstoff der Gymnasiasten. Seit Hiroshima – im Grunde schon seit dem anonymen Massensterben in den Materialschlachten des Ersten Weltkrieges – bietet sich die kriegerische Tat nicht mehr als historischer Maßstab an. Und auch hier hat der »größte Feldherr aller Zeiten« einen Schlußstrich gezogen. Vermutlich war Napoleon Bonaparte der letzte Heros, der im antiken, alexandrischen Sinne die Verwirklichung der Eigenpersönlichkeit mit der Gestaltung des Weltgeschehens gleichsetzte. »Quel roman que ma vie«, schrieb der Korse auf St. Helena.

Taugt unsere Zeit nicht mehr zur Entfaltung historischer Größe? Erstickt das parlamentarische System den Durchbruch starker Persönlichkeiten? Zahlreiche Beispiele belegen das Gegenteil.

Vielleicht sind wir uns heute mehr als die Vorgänger-Generation bewußt, daß das wahre Wirkungselement des »Helden« der Untergang ist? So können wir uns Winston Churchill im Rückblick nicht als Triumphator vorstellen. Mit quasi-diktatorialen Vollmachten ausgestattet, hat er Großbritannien aus der drohenden Niederlage zum glorreichen Sieg geführt. Doch am Ende dieser ungeheuerlichen Anstrengung stand – ohne daß Churchill darauf den geringsten Einfluß gehabt hätte – die Auflösung des Empire und die Abdankung Englands als führende Weltmacht. Zudem wurde Churchill bei den ersten Wahlen nach Kriegsende von den britischen Untertanen, die sich nach einem Alltag ohne Pathos sehnten, abserviert und durch den farblosen Attlee ersetzt.

Charles de Gaulle, dem meine ganze Neigung gilt, mußte schmerzlich spüren, daß er sich auf den Spuren Don Quichottes, des »Ritters von der traurigen Gestalt«, bewegte. 1940 hatte er die Ehre Frankreichs gerettet, doch als Präsident der Republik bestand seine größte Leistung darin, daß er die Sezession der überseeischen Besitzungen, insbesondere den Abfall Algeriens, mit breiter nationaler Zustimmung und hinter dem Vorhang der Würde zelebrierte. De Gaulle hat Frankreich stark zu machen versucht für den harten Wettbewerb innerhalb der bevorstehenden Europäischen Union, und dabei ahnte er gewiß, daß er dem tradierten französischen Konzept des Nationalstaates einen Todesstoß versetzte, daß er mit herrschaftlicher Geste den Abschied vom Ruhm vollzog. Als er – durch den Tumult des Quartier Latin geschwächt, durch einen Volksentscheid desavouiert – den Elysée-Palast verließ, lautete sein lakonisches Schlußwort: »C'est foutu.«

Oh ja, den glücklichen Helden gab es angeblich auch in unseren Tagen, als die Völker der Welt, an ihrer Spitze die Bundes-Deutschen, dem strahlenden John F. Kennedy und seiner aparten Frau Jackie zujubelten. Da glaubten sogar die distanzierten »eggheads« der amerikanischen Elite-Universitäten, ein neuer Lancelot weile unter ihnen. Die Sprache des »ghost-writers« Sorensen war so geschliffen, und sie wurde so artikuliert vorgetragen, daß der ganze Erdball vibrierte. Im Rückblick erscheint Lancelot-Kennedy jedoch als der große »loser« der neuen amerikanischen Geschichte. Er trug die Hauptverantwortung für das desaströse US-Engagement in Vietnam, er hatte keinen Sinn für die notwendige Verselbständigung Europas, und seine Rolle in der Kuba-Krise erscheint bei kritischem Zusehen alles andere als überzeugend. Selbst die Fortschritte auf dem Wege zur Verwirklichung der »civil rights« wurden erst von dem geringgeschätzten Nachfolger Johnson durchgesetzt.

Ist es bezeichnend für unsere Epoche, daß der einzige

Regierungschef, dem man das Wort »eisern« zubilligt, eine Frau ist? Margaret Thatcher hat tatsächlich noch einen militärischen Erfolg an ihre Fahnen heften können. Ein männlicher Prime minister wäre vermutlich vor dem Falkland-Abenteuer zurückgeschreckt.

Hans Magnus Enzensberger hat in einem klugen Feuilleton-Beitrag der »Frankfurter Allgemeinen Zeitung« das hohe Lied des »Helden des Rückzugs« angestimmt. Ich mag dem nur partiell beistimmen. Von allen Persönlichkeiten, die er aufzählt, erscheint mir lediglich der polnische General Wojciech Jaruzelski, eine »Figur von Shakespeareschem Format«, wie Enzensberger schreibt, als Verkörperung des vom Geist des Martyriums beseelten Patriotismus.

Aber die Geschichte, wenn wir sie nur sorgfältig durchblättern, weist zu allen Zeiten ähnlich gelagerte Vorläufer auf, die man auch als »Helden des Verzichts« bezeichnen könnte. Der unscheinbare Monsieur Thiers, der Frankreich nach dem Debakel von 1870 wieder auf die Beine stellte, paßt zweifellos in diese Kategorie, und warum erwähnt Enzensberger nicht das pathetische Schicksal des Marschalls Philippe Pétain, des Siegers von Verdun, der den eigenen Ruhm opferte, um das Überleben seiner Nation zu retten, nachdem Frankreich durch Hitler unwiderruflich bezwungen schien? Daß Pétain dabei Schmach und Schuld auf sich geladen hat, reiht ihn doch erst recht in die Galerie der Ambivalenz ein.

»Die Epigonen des Rückzugs sind Getriebene«, so schreibt Enzensberger; »sie handeln unter einem Druck, der von unten und von außen kommt. Der wahre Held der Entmachtung ist dagegen selbst die treibende Kraft. Michail Gorbatschow ist der Initiator eines Prozesses, mit dem andere mehr oder minder freiwillig versuchen, Schritt zu halten. Er ist ... eine säkulare Figur.« Wer an Gorbatschow zweifelt oder gar mäkelt, dessen bin ich mir wohl bewußt, gilt leicht als Frevler und Ikonoklast. Was wir heute im russischen Machtbereich erleben, ist der Zerfall eines Imperiums. Die Antike hat zwar keine Parteisekretäre, wohl aber Cäsaren vorzuweisen – man denke an Mark Aurel, sogar an Konstantin den Großen –, die bei klarem Bewußtsein und mit edlen Motiven dazu beigetragen haben, die damals existierenden Herrschaftsstrukturen zu untergraben und den Abbau der eigenen Tyrannis zu beschleunigen.

Dem heutigen Staatschef der Sowjetunion verdanken wir die Abkehr von der Breschnew-Stagnation und den Verzicht auf die Breschnew-Doktrin. Mit ungläubigem Staunen beobachten wir eine Tendenzumkehr in der höchsten Kreml-Führung, die die osteuropäischen Satelliten emanzipiert und das Moskowiter-Reich binnen kurzer Frist seines strategischen Glacis' berauben wird. Was die Verständigung mit der anderen Supermacht, mit den USA betrifft – die daraus resultierende Rüstungsreduzierung, die gemeinsamen Bereinigungsversuche unerträglicher Regionalkonflikte –, so zeichnete sie sich lange vor Gorbatschow ab. Schon in den sechziger Jahren verwies de Gaulle auf die unvermeidliche »complicité des superpuissances«.

Den von nuklearen Kriegsängsten geplagten Europäern mag sich Gorbatschow als Friedensfürst, als Erlöser aus ihren Albträumen nahen. Aber dieser Mann ist ja zunächst einmal Staatsoberhaupt der Sowjetunion und verantwortlicher Lenker der Sowjet-Völker. Seinem eigenen Herrschaftsgebiet hat er binnen fünfjähriger Perestroika und Glasnost keine Besserung der miserablen Lebensbedingungen, eher eine dramatische Verschlechterung beschert, und niemand kann voraussagen, ob das Erwachen der bislang gleichgeschalteten Nationalitäten, ob die Wiedergeburt der verschüttet geglaubten Religiosität nicht innerhalb der Sowjetunion explosive Kräfte freisetzen, chaotische Wirren auslösen werden. Hätte Michail Gorbatschow als Präsident der USA einen vergleichbaren Abbau amerikanischer Macht betrieben, wäre er aus leninistischer Sicht als »nützlicher Idiot« qualifiziert worden.

Dem Generalsekretär der KPdSU war es nur deshalb vergönnt, die übrige Welt auf so ungewöhnliche Weise zu verblüffen, solch stürmischen Beifall zu ernten, weil er – aus einem totalitären und diktatorialen Umfeld kommend – seine Vorstellungen von Perestroika und Glasnost mit den Mitteln der Despotie vorantreiben konnte. Der verstorbene Andrej Sacharow hat sich darüber keine Illusionen gemacht. Gorbatschow war es gelungen, Präsident Reagan beim Treffen von Reykjavik mit seinen Abrüstungsvorschlägen zu überrumpeln, weil er auf öffentliche Anfragen und Einwände im eigenen Lager wenig Rücksicht zu nehmen brauchte. Die Obstruktion des reaktionären Flügels im Parteiapparat drückte er mit dem Geschick und der Kühnheit eines routinierten Spielers an die Wand.

In einer parlamentarischen Demokratie hingegen ist wenig Bewegungsraum für »Helden des Rückzugs«, und jeder Regierungschef des Westens wäre schlecht beraten, wenn er sich mit schönen Gesten der Entsagung schmückte. Der ehemalige amerikanische Präsident Jimmy Carter hat auf diesem Feld eine eher klägliche Figur abgegeben. In den meisten Fällen muß der demokratische Staatsmann sich mit Routine-Übungen begnügen.

Ein deutscher Fernseh-Kommentator hat – Helmut Kohl an Gorbatschow messend – den Bundeskanzler mit den »Fischer-Chören«, den Generalsekretär der KPdSU mit Herbert von Karajan verglichen. Der Unterschied zwischen den beiden Männern besteht aber – ganz objektiv gesehen – zunächst einmal darin, daß Michail Gorbatschow einem Großreich vorsteht, das ideologisch ausgelaugt und wirtschaftlich marode ist, während Kohl als Regierungschef eines Staates mittleren Ausmaßes agiert, der – allen Flüchen der Geschichte zum Trotz – zum führenden ökonomischen Faktor unseres Kontinents avanciert. Bei aller Hochachtung vor der »säkularen Figur« Gorbatschows, noch wissen wir nicht, welche immensen Risiken die ihm zugeschriebene Heroisierung des Rückzugs in sich birgt. Die Westeuropäer sollten es da mit John LeCarré halten, der mit britischer Nüchternheit formuliert: »Die Welt im ganzen ist sicherer, wenn sie von mittelmäßigen Gestalten regiert wird.«

Die Absage an die charismatische Führungspersönlichkeit gilt wohlgemerkt nur für den abendländischen Kulturkreis und dessen transatlantische Ausweitung. Gemeint sind jene Völker, die – auf dem Erbe der Antike, des Judentums und der Christenheit aufbauend – die sukzessive Relativierung aller Werte durch Renaissance, Reformation und Aufklärung durchlaufen haben. Sie bekennen sich heute – als Kriterium ihrer Zusammengehörigkeit – zur Achtung der Menschenrechte und der Volkssouveränität und haben vor frühestens zweihundert Jahren ihre resolute Abkehr vom Gottesgnadentum, vom Obskurantismus, vom Feudalsystem vollzogen. Außerhalb dieser Gemeinschaft gelten andere Gesetze.

Selbst bei viel Wohlwollen müssen die Weiten des Heiligen Rußland, permanentes Bollwerk der Autokratie, in eine andere Kategorie eingereiht werden, ganz zu schweigen von jenen diffusen Regionen der sogenannten »Dritten Welt«, denen viele unserer Intellektuellen mit rousseauistischer Schwärmerei begegnen. In den Staaten der »Dritten Welt« ist die Despotie die Regel, und jeder Verzicht oder Rückzug – heroisch verbrämt oder nicht – würde als Verrat gebrandmarkt. So bewertet die politische Führung Chinas die Perestroika Gorbatschows als selbstzerstörerisches Abenteuer eines »dangerous madman«, wie die »International Herald Tribune« feststellt. Die Europäer sollten sich vor kontinentalem Provinzialismus hüten. Auch die Monumentalgestalt Mao Zedong gehört nämlich voll und ganz unserem ausklingenden Jahrhundert an. »Ohne große Männer und Vorbilder gibt es keinen Wohlstand und keine Tugend des Volkes«, heißt es bei Konfuzius, und wer möchte behaupten, die mehr als 2000 Jahre alte Sittenlehre des Meister Kong sei im Reich der Mitte außer Kraft gesetzt?

Die inbrünstige Permanenz der Mythen hat sich in unseren Tagen unter den prophetischen Zügen des Ayatollah Khomeini offenbart, und weite Teile der islamischen Welt warten insgeheim auf die Parusie eines großen Kalifen, eines neu erstandenen »Mehdi«, der das grüne Banner Mohammeds von Sieg zu Sieg trägt. Allzugern verdrängt der parlamentarisch und pluralistisch »geläuterte« Westen die Tatsache, daß die erdrückende Mehrheit jener Staaten, deren Repräsentanten die UN-Vollversammlung füllen, von mehr oder minder schrecklichen Diktatoren und deren oligarchischen Cliquen mißbraucht wird.

Bei dem Versuch, den »Anti-Helden« Kohl zu situieren, drängt sich der Vergleich mit seinen Vorgängern auf. Er steht in einer Reihe von Kanzlern der Bundesrepublik, zu denen sich die Deutschen – von der Geschichte sonst nicht verwöhnt – beglückwünschen können. Am nächsten liegt es, Konrad Adenauer als Vorbild und Leitfigur heranzuziehen, hat doch Helmut Kohl selbst, indem er sich als einen »Enkel« des Alten von Rhöndorf bezeichnete, diese Beziehung popularisiert. Gerade an Adenauer läßt sich ermessen, welchen Schwankungen die Beurteilung des Politikers unterworfen ist, je nachdem ob die Wertung im hitzigen Disput der Gegenwart oder mit dem klärenden Abstand des Rückblicks vorgenommen wird.
Wenn heute dem Gründer der Bundesrepublik einstim-

miger Respekt und parteiübergreifende Zustimmung nachklingen, so war dem nicht immer so. Wie ist über diesen Rheinländer gemäkelt und gehöhnt worden! Erst Erhard Eppler hat in einer bemerkenswerten Rede vor dem Bundestag das verleumderische Wort »Verrat« aus dem parlamentarischen Sprachgebrauch verbannt, das sowohl dem »Separatisten« Konrad Adenauer als auch dem »Verzichtspolitiker« Willy Brandt lange und heimtückisch anhing. Es hat viele Jahre gebraucht, ehe auch die Hamburger Gazetten die staatsmännischen Qualitäten eines Mannes entdeckten, der – allen neutralistischen Sirenentönen des damals noch stalinistischen Sowjetsystems widerstehend – die feste Verankerung der Bundesrepublik im Westen vollzog, die Einigung Europas auf dessen christlich-abendländische Ursprünge zurückführte, dem Kommunismus in der Haltung eines Kreuzritters begegnete und das Schwergewicht deutscher Staatlichkeit wieder in ihre lotharingisch-karolingische Ursprungsregion zurückverlagerte. Das militärische Bündnis mit den USA, der kontinentale Zusammenschluß unter Betonung der französischen Priorität waren seinerzeit heftig und wütend umstritten. Selbst Carlo Schmid machte sich darüber lustig, daß der politische Horizont Adenauers nicht über jene Landschaft hinausreiche, die von der Spitze des Kölner Doms zu erkennen sei. Die rheinische

Mundart des ersten Bundeskanzlers war Gegenstand zahlloser Witze, ehe sie zum Gütezeichen unverdrossener Kontinuität wurde. Die Armut des Vokabulars – während seiner Reden oft durch schallendes Gelächter der Opposition untermalt – errang erst im nachhinein den Rang lakonischer Kargheit. Wie oft wurde Adenauer vorgeworfen, ihm mangele es an jeglicher Perspektive, er begnüge sich mit provinzieller Tagespolitik, seine rheinische Spießigkeit würde allenfalls durch seine politische Routine, durch die Verschlagenheit des erfahrenen Fuchses kompensiert. Vor allem stand der Rhöndorfer lange im Verdacht, die nationalen Interessen Deutschlands geheimen, ultramontanen Machenschaften und einer verschworenen rheinischen Klüngelei unterzuordnen. Von der eigenen Partei schließlich entmachtet – jener Christlich-Demokratischen Union, die er selbst ins Leben gerufen hatte –, wuchs sein Bild im Ansehen des Volkes und der Geschichte erst, als ihm die Rolle eines verbitterten Einsiedlers aufgezwungen wurde und sein letzter »fester Punkt« die katholische Frömmigkeit blieb.

Sich an diesem Ahnen auszurichten, ist kein bescheidenes Vorhaben, zumal sich die Situation Deutschlands, Europas und der ganzen Welt in den verflossenen dreißig Jahren von Grund auf geändert hat. Von Helmut Kohl wird heute weit mehr erwartet, als ein Kontinuator

Adenauers zu sein. Als die Bundesrepublik Deutschland gegründet wurde und jenseits der Elbe ein von Moskau beherrschter »Arbeiter- und Bauern-Staat« entstand, mochte sich der eine oder andere an einen Ausspruch Walther Rathenaus erinnern. »Man trenne Preußen von Deutschland«, so ungefähr hatte dieser Politiker der Weimarer Republik räsoniert, »was bliebe dann übrig: ein neuer Rheinbund, ein verlängertes Österreich, eine klerikale Republik«. Die deutsche Publizistik hat lange gebraucht, ehe sie von dem Gespenst eines »neuen Rheinbundes« Abschied nahm. Die überdimensionale Persönlichkeit Charles de Gaulles mag einer solchen optischen Verzerrung Vorschub geleistet haben, doch jeder, der Frankreich kannte, wußte von Anfang an, daß Gallien nicht mehr in der Lage wäre, seinen Führungsanspruch durchzuhalten, selbst wenn dieser auf Klein-Europa begrenzt bliebe.

Noch ehe das Thema der deutschen Wiedervereinigung die Schlagzeilen beherrschte, hatte sich die Bundesrepublik Deutschland als reales Schwergewicht zu erkennen gegeben, und die Klugheit der führenden deutschen Politiker – Helmut Schmidt hat hier eine ebenso richtige Spur verfolgt wie Helmut Kohl – mußte darauf hinwirken, die Franzosen in der Illusion zu wiegen, sie seien weiterhin die treibende kontinentale Kraft.

Von einem »verlängerten Österreich« konnte nach 1949 ohnehin nicht die Rede sein. Die Frage wird sich allenfalls eines Tages stellen, ob Österreich nicht automatisch und ohne großes Zutun in eine föderative Beziehung zu Deutschland hineinwächst.

Der Vorwurf hingegen, eine »klerikale Republik« etabliert zu haben, sollte das Erinnerungsbild Konrad Adenauers bis auf den heutigen Tag trüben. Mochte das Zahlenverhältnis zwischen Katholiken und Protestanten in der Bundesrepublik auch ziemlich präzis bei jeweils fünfzig Prozent liegen, für jene norddeutschen und evangelischen Kreise, die es seit dem Wilhelminischen Reich und auch der Weimarer Republik gewohnt waren, die »kleindeutschen« Geschicke zu gestalten, war die sehr relative Machtergreifung der katholischen Rheinländer, Westfalen und Bayern im »Bundesdorf« Bonn ein schwer erträglicher Vorgang. Die Einflußverlagerung zugunsten der Katholiken entsprach im Grunde der Herstellung eines seit langem verlorengegangenen konfessionellen Gleichgewichts – die Zahl der bisherigen Kanzler ist paritätisch verteilt –, und dennoch entstand der Eindruck, daß nach dem Zusammenbruch aller organischen Strukturen im Jahre 1945, der die Bundesrepublik noch lange belasten sollte, die katholische Hierarchie sich machtvoller behauptete als die lutherischen Synoden. Konrad Adenauer war sich bei der

Gründung der CDU wohl bewußt gewesen, daß er nicht in die ausgefahrenen Gleise der katholischen Zentrums-Partei geraten durfte, deren Weimarer Rolle nicht immer rühmlich war. Er bemühte sich nach Kräften, die neue christlich-demokratische Fraktion im evangelischen Siedlungsraum, insbesondere in Norddeutschland heimisch zu machen, und nahm dabei in Kauf, daß sich unter dem Zeichen des Kreuzes auch jene liberalkonservativen und nationalliberalen Tendenzen sammelten – deutschnationale Randgruppen waren auch nicht ganz auszuschließen –, die seit dem Zusammenbruch Weimars und des Dritten Reiches ihre politische Heimat verloren hatten oder sie aus Gründen der Opportunität verleugneten.

Wer die Schwierigkeiten Helmut Kohls mit der heutigen CDU ermessen will, muß sich ihrer Genesis bewußt bleiben. Die Arbeiterschicht an Rhein und Ruhr, die in einer ersten Phase der Bundesrepublik – wurzelnd in der überlieferten christlichen Soziallehre des Zentrums – der CDU von Nordrhein-Westfalen zum Siege verholfen hatte, ist in der Folgezeit massiv zur Sozialdemokratie abgewandert. Die Christlich-Soziale Union Bayern stand so lange im Schatten des Tribuns Franz-Josef Strauß, daß sie bis heute ein recht schwieriger, sperriger Partner geblieben ist. Erst im nachhinein hat die Kohlfeindliche deutsche Publizistik erkannt, daß der Pfälzer

»Die Einheit der Nation
muß sich zuerst in der Freiheit ihrer Menschen erfüllen.«

zu keinem Zeitpunkt irgendwelchen Weisungen oder auch nur dem Einfluß des bayerischen Ministerpräsidenten erlegen ist. Dem Bundeskanzler war es im Gegenteil gelungen, seinen Münchner Gefährten und Widerpart sorgfältig einzugrenzen. Der Nimbus Strauß ist schneller verflogen, als die meisten Experten vermutet hätten. Die Memoiren-Veröffentlichung dieser klassisch gebildeten, redegewandten, kraftstrotzenden Erscheinung des bayerischen Spät-Barocks hat eine zusätzliche Entzauberung bewirkt. Ein großes politisches Konzept hatte Strauß – allen Beteuerungen seiner Gefolgsleute zum Trotz – offenbar nicht anzubieten, aber er hat Helmut Kohl immer wieder vor Augen geführt, wie schwer, mühsam und zermürbend es ist, einem Parteien-Bündnis vorzustehen, statt sich auf eine einheitliche Organisation verlassen zu können.

Der französische Marschall Foch, der am Ende des Ersten Weltkrieges ein Koalitionsheer von Franzosen, Briten und Amerikanern befehligte, hat später erklärt, seine Bewunderung für das militärische Genie Napoleons sei durch diese persönliche Kommando-Erfahrung stark beeinträchtigt worden, hatte doch Bonaparte in den Jahren seines Ruhms mit seiner national gestrafften Armee den heterogenen Bündnistruppen der übrigen europäischen Mächte gegenübergestanden.

Um zur CSU zurückzukommen, sie stellt für den heutigen Bundeskanzler ein neuartiges Problem dar, seit sie sich gegen die Demagogie der »Republikaner« zur Wehr setzt und vielleicht glaubt, ihr mit nationalen Bekenntnissen begegnen zu müssen.

Vermutlich ist sich Kohl der Problematik seiner eigenen Partei voll bewußt. Wenn jemand im Apparat der CDU zu Hause ist, jeden Lokalpolitiker persönlich kennt – wobei ihm ein phänomenales Personen- und Namensgedächtnis zu Hilfe kommt –, jeden Trick des intimen Managements beherrscht, so ist es der jetzige Parteivorsitzende. Man hat Helmut Kohl vorgeworfen, daß er »Nur-Politiker« sei, aber vielleicht ist das eine unentbehrliche Voraussetzung für die Führung einer so unterschiedlich strukturierten Formation. In anderen Ländern ist es höchst selten, daß eine bürgerliche Partei diesen Typus des mit allen Wassern gewaschenen »Kader-Politikers« hervorbringt. Für Kohl stand zu jeder Zeit fest, daß eine Kanzlerschaft, die nicht durch den Parteivorsitz abgesichert wäre, auf Sand gebaut ist.

Von seinen Ursprüngen her steht der heutige Kanzler zweifellos jenen Kräften des politischen Katholizismus nah, die sich im ausgehenden neunzehnten Jahrhundert gegen den »Kulturkampf« Otto von Bismarcks bewähren mußten und gegen die preußisch-protestantische Feudalordnung eine Art katholische Solidarität der kleinen Leute, einen konfessionell gebundenen

Populismus ins Leben riefen. Die Tatsache, daß die Pfalz damals zu Bayern gehörte, ändert nichts an dieser Grundstimmung. Hier liegt wohl auch eine der Ursachen für die Diskrepanz zwischen Kohl und einem breiten Teil der deutschen Öffentlichkeit, ja aus dieser Perspektive erscheinen die beiden »Parteifreunde« Kohl und Weizsäcker als unterschiedliche, gelegentlich sogar antagonistisch veranlagte Naturen.

Im Gegensatz zu Adenauer, der vom Militärischen nicht viel hielt, wenn er auch die Aufrüstung der Bundesrepublik mit Konsequenz und voller Überzeugung betrieb, ist Helmut Kohl unter dem strengen Regiment eines Vaters aufgewachsen, der sich im Königlich Bayerischen Heer zum Tapferkeitsoffizier hochgedient hatte. Der heutige Bundeskanzler hat es wohl manchmal bedauert, den »weißen Jahrgängen« anzugehören, und er hat Wert darauf gelegt, daß seine Söhne Reserveoffiziere der Bundeswehr wurden, möglichst bei den Fallschirmjägern. Sein rheinischer Regionalismus wurde durch die patriotische Haltung des Elternhauses von Anfang an kompensiert. Ihm konnte niemand – wie das ja bei Adenauer so häufig geschah – mangelndes Interesse an der deutschen Einheit vorwerfen. Die Frau Helmut Kohls, Hannelore, ist in Sachsen aufgewachsen, und in den frühen Jahren seiner Zugehörigkeit zur Jungen Union schmuggelte er Flugblätter des Deutschen Heimatbundes in das autonom regierte Saarland des Ministerpräsidenten Johannes Hoffmann.

Mag Helmut Kohl von seinen Gegnern im In- und Ausland als kreuzkonservativer Politiker porträtiert werden, mag er selbst dieses Vorurteil durch markige Sprüche gegen die »Sozen«, durch betont freundschaftlichen Umgang mit Bannerträgern des »Kapitalismus« wie dem Arbeitgeberpräsidenten Schleyer oder dem Vorstandssprecher der Deutschen Bank Herrhausen Nahrung gegeben haben, der jetzige Kanzler bleibt vom Werdegang und der Struktur her ein Mann des Volkes. Der Populismus ist ihm auf die Haut geschrieben, und auf die elitären Manieren der »feinen Leute« reagiert er allergisch. Hier liegt auch einer seiner Reibungspunkte mit der deutschen Intelligenzia, deren Geringschätzung er von Herzen erwidert.

Für die Partei, der er vorsteht, und die ihm von Adenauer hinterlassen wurde, stellen sich neue, fast unlösbare Probleme. Der Streit über die Berufung eines neuen Generalsekretärs hat diese Wunden offengelegt, und es wird immer schwerer fallen, das Sammelsurium widerstreitender Interessen, soziologischer Schichten und diverser Temperamente, das unter dem Rubrum CDU firmiert, weiterhin mit dem bequemen Pauschalbegriff »Volkspartei« zu überkleistern. In dieser Hinsicht gelang ihm auf dem Bremer Parteitag 1989 ein Husarenstreich, den man diesem schweren Dragoner kaum zugetraut hätte. Für Kohl waren die Reformer, die Neudenker seiner Partei, ob sie Geißler oder Süssmuth hießen, zu weit in die ideologische Nachbarschaft – sagen wir es vereinfachend – eines Franz Alt abgeglitten. Mit dem höchst ehrbaren, aber schlichten Zuschnitt der Kolping-Vereine war es ohnehin nicht mehr getan. Von Lothar Späth wußte Kohl, daß die wohlwollende Umarmung des Ministerpräsidenten durch die Hamburger Medien einem präzisen Kalkül entsprach. Durch die Berufung Volker Rühes, eines norddeutschen Protestanten, bezog er jene Bevölkerungsschichten der Bundesrepublik wieder stärker in seine Strategie ein, die mit den überwiegend katholischen Sozialausschüssen und deren Umfeld nichts anzufangen wußten. Seit Stoltenberg sich als erfolgreicher Ressort-Minister vom partei-internen Tagesgeschäft distanzierte und die Barschel-Affäre in der norddeutschen Tiefebene schreckliche Verwüstungen angerichtet hatte, war eine solche geographische Neuorientierung der Parteispitze an der Zeit. Kurzum, es war keine Kleinigkeit, die CDU zusammenzuhalten.

Hinter der scheinbaren Jovialität des Kanzlers, der schwerblütigen Selbstgefälligkeit und dem aufgesetzten Lächeln, das Freunde wie Feinde so oft irritiert, wurden politisches Augenmaß sichtbar und eine Härte, die vielleicht zu seinen intimsten Charaktereigenschaften gehören. In diesem Sinne ist er Adenauer durchaus verwandt. Der Vorwurf, der nach dem Bremer Parteitag laut wurde, Kohl habe sich alten und verdienten Parteifreunden gegenüber »wenig human« verhalten, klingt lächerlich. In Frankreich, wo die Staatslenkung über Tradition verfügt, auch wenn sie dort gelegentlich als »l'art pour l'art« praktiziert wird, weiß jedes Kind, daß ein Staats- und Regierungschef auf die meisten menschlichen Bindungen verzichten muß. »Seien Sie hart, Pompidou«, sagte de Gaulle einst zu seinem Premierminister. »Un Président de la République n'a pas d'amis«, heißt es heute im Hofstil des Elysée-Palastes. Meine Absicht ist es nicht, diese Betrachtungen über Helmut Kohl zu einer Bestandsaufnahme der Bundesrepublik auszuweiten. Die Folge der Kanzler seit 1949 wurde ohnehin von dem französischen Politologen Alfred Grosser in ähnlichem Rahmen abgehandelt. Eines unterscheidet den heutigen Kanzler eindeutig von seinen Vorgängern: Die Gefahr für ihn ist gering, während der Legislatur aus den eigenen Reihen gestürzt zu werden, wie das Ludwig Erhardt, Willy Brandt und sogar Helmut Schmidt widerfuhr. Dafür hat er zuviel Gespür für den Apparat und einen ausgeprägten Machtinstinkt, den ihm die wenigsten, die von dem Kanzler des »Aussitzens« schwafelten, zutrauten. In der heutigen CDU steht kein Herbert Wehner mit dem fatalen Rosen-Bouquet parat, um dem Regierungschef den Abgang zu signalisieren.

Neben Adenauer ragt Willy Brandt als bedeutender Staatsmann der Bundesrepublik ins Gedächtnis. Natürlich denkt jeder dabei an die Ost-Politik, die mutig akzeptierte Realität der deutschen Nachkriegssituation – Voraussetzung ihrer Überwindung –, auch an den Wandel durch die Annäherung gegenüber der DDR, der den gewaltigen Umbruch erleichtert hat. Brandt besaß als einer der ganz wenigen Deutschen Sinn für die große pathetische Geste. Sein Kniefall vor dem Denkmal des Warschauer Ghettos war ein Ereignis von klassischem Format. Das Positivste jedoch im Lebenslauf dieses sozialdemokratischen Antifaschisten und Emigranten, eines Mannes, der während des Krieges im Namen seiner Überzeugungen auf der Seite der Gegner seines Vaterlandes stand, ist aber wohl in der Tatsache zu sehen, daß die Deutschen einen solchen Außenseiter – der von den Unverbesserlichen mit dem Makel des Landesverrats beschmiert wurde – zu ihrem Regierungschef beriefen, ihm mehrheitlich die Lenkung ihrer Geschicke anvertrauten. Damit haben die Deutschen nicht nur Willy Brandt Gerechtigkeit widerfahren lassen, sondern sie haben sich selbst rehabilitiert. Es ist beachtenswert, daß dieser erste Bundeskanzler der SPD nach Aufgabe seiner aktiven Ämter in die Rolle eines weitsichtigen Mentors der Nation hineingewachsen ist, der sich vom Parteienzwist distanziert.

So seltsam es klingt, zwischen Brandt und Kohl hat es niemals persönliche Reibungen, keine jener ätzenden Angriffe gegeben, die so häufig zu den unerfreulichen Begleiterscheinungen demokratischer Auseinandersetzungen gehören. Ich habe bei Kohl niemals eine abfällige Bemerkung über den ehemaligen SPD-Kanzler vernommen, manchmal sogar eine unterschwellige Sympathie verspürt. Soviel ich weiß, beruht dieser Burgfrieden auf Gegenseitigkeit. Willy Brandt war in der politischen Landschaft Deutschlands erfahren genug, um in dem Pfälzer niemals einen »Klassenfeind« auszumachen. In seinem Wunsch nach »mehr Demokratie« mochte der heutige Patriarch der deutschen Sozialdemokratie seinen christdemokratischen Nachfolger – die Unterschiedlichkeit der Temperamente und Begabungen mag dabei eine segensreiche Rolle gespielt haben – als einen Komplizen im anderen Lager empfunden haben, an dessen rechtsstaatlichen Überzeugungen nicht der geringste Zweifel bestand.

Ganz anders die Beziehung Kohls zu Helmut Schmidt. Hier herrschte auf beiden Seiten Bitterkeit, Geringschätzung, ein Gegensatz, der an Feindseligkeit grenzte. Dabei waren die politischen Grundkonzeptionen dieser beiden Männer in vielen Punkten sehr verwandt. Sie können als Vertreter einer vernünftigen patriotischen Mitte gelten. Sie entstammen beide einem kleinbürgerlichen Milieu, zu dem sie sich auch bekennen. Schmidt wie Kohl sind überzeugte Bündnispartner der Amerikaner und haben im Streit um den NATO-Doppelbeschluß quasi-identische Positionen bezogen. Sogar im Hinblick auf die europäische Einigung hat der Hamburger sich zu einer Präferenz der engen Bindung an Frankreich durchgerungen, die für einen Hanseaten durchaus nicht selbstverständlich war, während sie dem »Enkel Adenauers«, dem Rheinländer Kohl, gewissermaßen in die Wiege gelegt war. Vermutlich leidet Helmut Schmidt heute darunter, daß seine unbestreitbare staatsmännische Begabung, die ihn zu einem »man for all seasons« stempelte, während seiner Kanzlerschaft – mit Ausnahme der Flugzeugentführung von Mogadischu – nie im vollen Umfang gefordert wurde. Er wäre ein perfekter und gelassener Krisenmanager gewesen, aber die Querelen, mit denen er sich plagte, rührten mehr aus der Unverträglichkeit des eigenen Parteiapparates und eines stutzig gewordenen liberalen Koalitionspartners her als aus einer exaltierenden internationalen Gewitterlage. Helmut Schmidt, an dem mich der preußische Imperativ, das friderizianische Auftreten stets stärker beeindruckt haben als sein betontes Hanseatentum, ist als Kanzler um seinen großen historischen Auftritt betrogen worden. Im kleinen Kreis soll er gelegentlich äußern, er sei dazu verurteilt, eine Fußnote der Geschichtsschreibung zu bleiben. Um so mehr muß es ihn verstimmen, daß die große nationale Stunde, die begeisternde und beklemmende Neuerprobung des deutschen Schicksals für den ungeliebten Kanzler Kohl schlägt.

Die Trivialisierung der Politik ist ein Dauerthema unserer Tage. »Il faut affadir la politique«, sagte der französische Premierminister Michel Rocard – man sollte die Politik verwässern. Vielleicht dachte er dabei an jenes »monstre sacré«, das vom Elysée-Palast aus das tägliche Abrackern des Regierungschefs argwöhnisch und oft mißbilligend betrachtet. Paradoxerweise ist diese Banalisierung der politischen Abläufe unserem deutschen »Anti-Helden« keineswegs gut bekommen.
Wir stoßen hier wieder auf das anfangs erwähnte »Kohl-Syndrom«. Zweifellos steht der Kanzler für eine Form von Populismus, die bei breiten Schichten der »schweigenden Mehrheit« gut ankommen müßte. Die solide Biederkeit, die er ausstrahlt und in der sich viele Deutsche wiedererkennen, sollte ihm eine breite Volkstümlichkeit sichern, die vielleicht sogar vorhanden ist, zu

der sich die wenigsten jedoch öffentlich zu bekennen wagen.

Hans Mathias Kepplinger vom Institut für Publizistik der Universität Mainz hat diese negative Stereotypisierung in der Zeitung »Die Welt« folgendermaßen beschrieben: »Wer Kohl komisch findet, der ist ›in‹; wer Kohls Türverwechslung bemerkenswert findet, der weiß, wo's lang geht. Je geringfügiger der Anlaß, desto größer ist der Ausweis echter Kennerschaft durch Ablehnung.« Tatsächlich hat sich bei einer Kategorie des deutschen Publikums, das sich als »claque« für die zahllosen Talkshows des deutschen Fernsehens qualifiziert und sich der hier oft vorgetragenen Arroganz der Dummheit willfährig unterwirft, eine Art Pawlowscher Reflex eingestellt. Wenn der Name »Kohl« fällt, setzt überlegenes Grinsen, wenn nicht schallendes Gelächter ein. Ich habe es bei zahlreichen eigenen Vorträgen erlebt, wenn ich etwa über das deutsch-französische Verhältnis referierte, daß die Erwähnung des Tandems Kohl-Mitterrand spontane Heiterkeit auslöste, die allerdings prompt verebbte, wenn ich auf die Verdienste des Kanzlers im Umgang mit seinem schwierigen gallischen Partner zu sprechen kam.

Diese massive Disqualifizierung ist zweifellos sorgfältig programmiert und gesteuert worden. Als ich zu Beginn meiner kurzen Tätigkeit als Chefredakteur des »Stern«

die Moskau-Reise des Kanzlers im Sommer 1983 kommentierte und den Freimut hervorhob, mit dem er dem Generalsekretär Andropow die Unerträglichkeit der Berliner Mauer vorgehalten hatte – wie die Russen sich wohl verhalten würden, wenn eine ähnliche Sperrlinie durch Moskau liefe, hatte er gefragt –, löste ich den Aufstand der Redaktion aus. Bezeichnenderweise hat Helmut Kohl Zeiten gekannt, insbesondere als Ministerpräsident von Rheinland-Pfalz, später als heimlicher Rivale des Kanzlerkandidaten Strauß, da waren ihm sogar die Hamburger Wochenblätter gewogen. In jenen Tagen seines recht unbeschwerten Kurfürsten-Daseins am Mittelrhein trafen sich nicht nur die Sympathisanten der CDU in seinem Weinkeller, sondern einige der spitzesten Federn und Zungen des linksliberalen Spektrums. Um so erstaunlicher erscheint die Unfähigkeit dieses routinierten Politikers, mit dem Medium des Fernsehens umzugehen, seit er sich als Parteivorsitzender, dann als Kanzler in Bonn etablierte.

Der französische Publizist Alain Duhamel hat das Wort von der »kathodischen Demokratie« geprägt; gemeint ist der Zwang für jeden modernen Tribun, sich mit dem Fernsehen auseinanderzusetzen und es zu beherrschen. Ein überzeugendes Beispiel hat der »Telekrat« Charles de Gaulle geboten, als er mit einem einzigen kurzen TV-Auftritt und dem beschwörenden Appell »Françaises,

Français, aidez-moi« den Putsch der Generale von Algier kippte. François Mitterrand hat an seinem Televisions-Image wie an einer Bildsäule gearbeitet. Als »great communicator« ist vor allem Ronald Reagan in die junge Geschichte der »kathodischen Demokratie« eingegangen. Seine schauspielerische Begabung – in zahlreichen Hollywood-Produktionen erprobt –, gepaart mit seinem Instinkt für das Wesentliche, hatte es ihm erlaubt, seine unzureichende Sachkenntnis zu überspielen und die anfangs weit verbreitete Ablehnung der amerikanischen Massen in eine Flut der Zustimmung umzuwandeln.

Die Frage stellt sich, ob die Omnipräsenz der audiovisuellen Medien die hergebrachte Form des Parlamentarismus nicht zu einer unmittelbaren Beteiligung des Wählers am Staatsgeschehen umfunktioniert, ob diese Form der Direkt-Kommunikation die gewählten Volksvertreter nicht zu einer neuen Form opportunistischer Anpassung zwingt. Diese elektronisch vermittelte »Agora« beeinflußt nicht nur die repräsentative Demokratie in der Bundesrepublik; sie ist weltweit zu spüren. Helmut Kohl ist mit dem fatalen Handicap belastet, daß er all jene Fähigkeiten der spontanen Formulierung, der überlegenen Reaktion, der amüsanten und amüsierten Erzählergabe, der schalkhaften Vorliebe für das Anekdotische zu verlieren scheint, sobald das tote Auge der

Kamera auf ihn gerichtet ist und er sich mit einem vorbereiteten Text abmüht. Wie oft waren Gesprächspartner, die den Kanzler vorher nicht kannten, durch eine Konversation im kleinen Kreis, aber auch durch eine witzige improvisierte Grußadresse verblüfft, die sie diesem Mann gar nicht zugetraut hätten.

Hans Mathias Kepplinger hat das unterschiedliche Verhalten Helmut Schmidts und Helmut Kohls bei ihren Fernsehauftritten verglichen: »Zu beachten ist jedoch nicht nur die Rolle der Akteure, sondern auch die Art, wie sie sie ausfüllen, wobei hier nur die Darstellung, nicht der Inhalt gemeint ist. Kohl ist im Unterschied zu Schmidt kein Rollenspieler, der in jeder Situation – relativ unabhängig von seinen Empfindungen – sein Amt repräsentiert, sondern ein Selbstdarsteller, der – relativ unabhängig von den Erwartungen an den Amtsinhaber – seine Empfindungen offenbart. Er ist, wie er ist, und anders will er nicht sein. Ein Blick auf Fernsehinterviews der beiden Politiker kann dies illustrieren. Schmidt vermittelt dem Zuschauer das Gefühl, an neuesten und wichtigsten Einsichten teilzuhaben, indem er bereits mehrfach Gesagtes nachdenklich vorführt. Kohl erweckt dagegen den Verdacht, man höre unwichtige Fakten, weil er die Daten herunterspult. Dies dürfte nicht zuletzt mit den unterschiedlichen Amtsvorstellungen beider Politiker zusammenhängen. Für Schmidt

»Es gibt keine Alternative zur
Europäischen Gemeinschaft, weder im Politischen
noch im Wirtschaftlichen.«

gehörte, wie man auch aus eigenen Äußerungen weiß, das Fersehinterview, die Fernsehpressekonferenz und die Fernsehdiskussion wesentlich zum Amt; für Kohl sind das hingegen lästige Pflichten, die mit Politik im engeren Sinne wenig zu tun haben. Politik ist für Kohl die Ausübung und nicht die Darstellung von Macht. Die Darstellung von Macht, und das heißt die Darstellung des Amtes, gehört aber im Zeitalter der elektronischen Medien und der symbolischen Politik noch mehr als früher zu den Voraussetzungen für eine erfolgreiche Ausübung von Macht.«

Zu einer gewissen Allergie Helmut Kohls gegen das Fernsehen gesellt sich die Unzulänglichkeit eines Teiles des von ihm patronierten Apparates für »public relations«. In manchen Amtsstuben Bonns hat man seit der »Wende« immer noch nicht gelernt, »how to sell a chancellor«, und verläßt sich auf die Gunst der Ereignisse mehr als auf die öffentlichkeitswirksame Darstellung des Geleisteten. Das hat zu einer Abkapselung des deutschen Regierungschefs geführt, die laut Kepplinger zum Entstehen des »widersprüchlichen Image« beigetragen hat: des Bildes »vom unentschlossenen Politiker, der alles aussitzt, und des autokratischen Machthabers, der über die Köpfe der anderen hinweg entscheidet.«

»Nicht die Taten bewegen die Menschheit, sondern die

Worte«, hatte Sophokles behauptet; er meinte damit natürlich nicht das »global village« unserer Telekommunikationsgesellschaft, sondern den Mikrokosmos der früh-hellenischen Stadtstaaten. »Nil novi sub sole«, sagten die Alten: Es gibt nichts Neues unter der Sonne.

Bei meinen persönlichen Begegnungen mit Helmut Kohl ist mir stets das Nebeneinander von Zielstrebigkeit und Vorsicht aufgefallen. Das erstemal habe ich ihn in den sechziger Jahren getroffen. Der mir unbekannte Fraktionschef der CDU im Landtag von Rheinland-Pfalz hatte mich eingeladen, einen Vortrag über das Phänomen de Gaulle vor einem großen Forum von Parteidelegierten zu halten. In einer Mainzer Kneipe beim Glas Wein kamen wir uns näher. Der pfälzische Tonfall dieses jungen ehrgeizigen Politikers von der mächtigen Statur war mir vertraut und rundete die Bodenständigkeit einer regionalen Nachwuchsbegabung ab. In seiner Heimat begann man bereits, ihn den »schwarzen Riesen« zu nennen. Von der Typologie ist Kohl mir von Anfang an sehr wenig germanisch erschienen. Sein Menschenschlag, wuchtig, dunkelhaarig und rundköpfig, ist in dieser äußersten Südwestecke Deutschlands zwischen Hunsrück und Pfälzer Wald häufig zu treffen und könnte ein Überbleibsel kelto-romanischer Ursubstanz sein.

Das Gespräch in Mainz wandte sich sehr schnell Konrad Adenauer zu, der zu dieser Zeit nicht mehr Kanzler war und dessen Verbrüderungspolitik mit Frankreich in dem aufgeregten und völlig unnötigen Disput zwischen sogenannten Atlantikern und sogenannten Gaullisten unterzugehen drohte. Plötzlich horchte ich auf. Adenauer habe ihm stets ein besonderes Wohlwollen bekundet, sagte der Fraktionsvorsitzende Helmut Kohl. Der Alte von Rhöndorf habe ihm sogar gönnerisch gesagt: »Sie könnte ich mir eines Tages als Nachfolger, als Fortführer meines Werkes vorstellen.« Diesen Satz Adenauers hatte Kohl leichthin zitiert. Von Sendungsbewußtsein entdeckte ich bei meinem Gegenüber keine Spur, wohl aber jene quasi-selbstverständliche Festlegung auf ein extravagant erscheinendes Ziel, das damals außerhalb jeder Reichweite zu liegen schien.

Zu Beginn der siebziger Jahre war Helmut Kohl Ministerpräsident von Rheinland-Pfalz. Mit einem Ungestüm, das seiner überwiegend taktischen Begabung widersprach, hatte er sich auf dem Parteitag der CDU in Saarbrücken gegen Rainer Barzel um das Amt des Parteivorsitzenden beworben. Die Niederlage des Newcomers Kohl gegen den Routinier Barzel war desaströs, und der Pfälzer hatte beschlossen, im Auftrag der Konrad-Adenauer-Stiftung eine Ostasien- und Australien-Reise anzutreten, um seinen Horizont zu weiten und seine Wunden zu lecken. Ich begleitete ihn auf dieser Tournee und bereitete bei der Gelegenheit eine Serie von Dokumentationen für das ZDF vor. Mit großer Präzision erinnere ich mich an eine bemerkenswerte Episode. Wir flogen bei Nacht zwischen Manila und Sydney. Nach der genüßlichen Wiedergabe erdgebundener Heimatgeschichten und der oft drolligen Porträtierung befreundeter oder gegnerischer Politiker war Kohl nachdenklich geworden. Das Fiasko von Saarbrükken steckte ihm wohl doch in den Knochen, zumal gewisse feierliche Zusagen nicht eingehalten worden waren. Er gehe jetzt notgedrungen auf Distanz, sagte Kohl; er befinde sich in einer Situation, wo keiner von ihm ein Stück Brot nehme. Wir wandten uns wieder den Philippinen zu, die wir eben verlassen hatten. Der »schwarze Riese«, der inmitten von Thai und Malaien wie Gulliver unter den Liliputanern wirkte, erzählte höchst amüsiert von der Gaunerei seiner philippinischen Gastgeber, hochbetagter Senatoren und Mitgliedern der reichen Oligarchie, die sich zur Verjüngung Schminke ins Gesicht schmierten und mit den hübschesten Mädchen umgaben. Wir dösten eine Weile vor uns hin, versuchten im Mondschein die Dschungel von Neuguinea zu erkennen, als Kohl völlig übergangslos wieder anhob. »Wenn ich Bundeskanzler sein werde …« begann er und entwickelte ein summarisches Regierungsprogramm. Da war er also gerade in den Abgrund der politischen Enttäuschung gestürzt, und dieser Rückschlag hatte ihn offenbar in keiner Weise verunsichert. Kein Zweifel plagte ihn, daß ihm der Aufstieg zum Regierungschef der Bundesrepublik nunmehr versperrt sein würde. Ich muß gestehen, daß ich in jener Nacht an dem Urteilsvermögen meines jovialen und überaus vergnüglichen Reisegefährten ernsthaft gezweifelt habe.

Nicht lange nach dieser Fernost-Tournee hatten wir in kleinster Runde im Keller der Staatskanzlei zu Mainz pfälzischen Wein getrunken. Kurt Biedenkopf war zugegen. Helmut Kohl, der seine regionale Rolle als Kurfürst abstreifen wollte und sich auf eine nationale Rolle vorbereitete, entwickelte einen für jene Zeit sensationellen Plan. Er hatte seine künftige Rolle als Kanzler bereits fest im Visier und wollte offenbar ein weithin sichtbares Zeichen setzen. »Was Konrad Adenauer mit Frankreich vollbracht hat, die Versöhnung und die enge Zusammenarbeit, das schwebt mir mit Polen vor«, so sagte er ungefähr. Er beabsichtige, eine öffentliche Erklärung in diesem Sinne abzugeben. Die Anerkennung der polnischen Westgrenze sollte als Ausdruck der Ernsthaftigkeit seiner Absicht deutlich formuliert werden. Obwohl ich nie zu seinem Mitarbeiterstab gehört habe, beauftragte mich der Ministerpräsident von Rheinland-Pfalz mit dem Entwurf eines Kommuniqués, das dieser Willenserklärung gegenüber Warschau Konsistenz geben würde. Es waren nur wenige Zeilen, die ich im Hotelzimmer entworfen habe und die ich am nächsten Morgen vorlegte. Die Akzeptierung der Oder-Neiße-Grenze durch die Bundesrepublik, so formulierte ich, sei nicht nur als deutsches Zugeständnis und als schmerzliche Folge des von Hitler angerichteten Unheils zu sehen. Eine solche Geste biete der Volksrepublik Polen die Chance, eine größere Unabhängigkeit gegenüber der sowjetischen Vormacht zu entfalten, und ermögliche es der Regierung in Warschau, der Frage der deutschen Einheit, wenn sie eines Tages fällig würde, mit einer gewissen Gelassenheit zu begegnen.

Aus dieser schönen Proklamation ist leider nichts geworden. Als ich Helmut Kohl meinen Text vorlegte, hatte er bereits mit einigen prominenten Parteifreunden telefoniert, unter anderem mit Richard von Weizsäcker, um sich ein Minimum an Rückendeckung zu verschaffen. Sie hatten alle dringend abgewinkt und Kohl war diesem Rat gefolgt. Die Vorsicht hatte über die Kühnheit gesiegt. Als Politiker hat er in jener Stunde vermutlich richtig gehandelt, denn bei der CDU/CSU war die Stunde noch keineswegs reif für ein solches Wagnis. Selbst die Ostpolitik der sozialliberalen Koalition steckte ja damals noch in ihren Anfängen. Der Vorgang verdient trotzdem festgehalten zu werden.

Wenn dem Bundeskanzler heute vorgeworfen wird, er begnüge sich bei der Bereinigung der deutsch-polnischen Beziehungen mit halbherzigen Maßnahmen und hohlen Beteuerungen, er nähre insgeheim auch Vorbehalte gegen die Bestätigung der polnischen Westgrenze, so kann ich das Gegenteil bezeugen. Die ständige Berufung auf ein Urteil des Bundesverfassungsgerichts durch die Sprecher des Bundeskanzleramtes mag irritierend wirken, und die Frage stellt sich tatsächlich, ob diese Form des Finassierens dem großen osteuropäischen Entwurf, der irgendwann reifen muß, nicht schädlich ist. Aber im Wahlkampf von 1990 wird um jede Stimme gerungen. Die Landsmannschaften sind immer noch ein Zünglein an der Waage, ganz zu schweigen von der bayerischen CSU, die sich in einen heiklen Wettstreit mit den »Republikanern« verwickelt sieht. Immer sind es die gleichen Bürden der parlamentarischen Demokratie. Die Entschiedenheit, mit der Kohl sein ursprüngliches Konzept einer neuen Polen-Politik weiterhin verwirklichen will, sollte dennoch nicht in Frage gestellt werden.

Selten ist ein politisches Ereignis in den Medien so unfair dargestellt worden wie der Besuch des Kanzlers in Tschenstochau und in Kreisau. In Auschwitz konnte er nur schweigen. Jedes Wort eines deutschen Regierungschefs wäre unangemessen gewesen an dieser

Stätte des Grauens. In Kreisau hingegen hat Kohl gemeinsam mit dem polnischen Ministerpräsidenten Mazowiecki eine liturgische Geste vollzogen, deren Sinn den anwesenden Reportern offenbar völlig entging. Die Umarmung des Polen und des Deutschen neben dem Altar war begleitet vom katholischen Friedenskuß »pax tecum«, aber wer kennt sich noch aus in der großartigen, immer noch biblischen Symbolik der römischen Kirche. Daß dieser christliche Rheinländer, den Lech Walesa bei seinem Bonner Besuch etwas schlitzohrig, aber durchaus anerkennend – als den »großen Kanzler« apostrophierte, kein Revanchist, kein Ostland-Reiter ist, dessen durfte sich Mazowiecki zutiefst bewußt sein, auch wenn es weiterhin im Interesse der Vereinigten Polnischen Arbeiterpartei und ihrer kommunistischen Kader lag, Mißtrauen zu säen und für ihre Ankoppelung an Moskau Argumente zu sammeln. Bei einem vierten Vorfall in der Laufbahn Helmut Kohls will ich es bewenden lassen. Es war die Affäre von Wildbad Kreuth. Franz Josef Strauß hatte 1976 dem Parteivorsitzenden der CDU, der damals immer noch in Mainz residierte, den Fehdehandschuh hingeworfen. Der Bayer schien eisern entschlossen, seine konservative Flügelpartei auf das ganze Bundesgebiet auszudehnen. Diese bajuwarische Eruption ging parallel zu einer systematischen Verunglimpfung des Verbündeten Kohl. Der Pfälzer verweist gern darauf, daß er aufgrund der alten Zugehörigkeit seiner Heimat zur Wittelsbacher Monarchie mit den Methoden des Fingerhakelns und der mit linker Hand in den Boden abgeleiteten Schwüre wohl vertraut sei. Damals hat er mit dem Gedanken gespielt, die Herausforderung anzunehmen und seinerseits mit der CDU in Bayern einzumarschieren. In Franken hätten dafür durchaus positive Voraussetzungen bestanden. Aber als ich ihn darauf ansprach, hatte die Umsicht, in diesem Fall sogar die Weitsicht, über eine durchaus verständliche cholerische Reaktion die Oberhand gewonnen. Er wolle nicht die Verantwortung auf sich nehmen, die Partei zu spalten und das auseinanderzudividieren, was Adenauer mühselig zusammengebündelt habe, antwortete er nachdenklich. Die Reaktion war keineswegs heldisch und wurde von manchen seiner Freunde auch als »Kneifen vor dem bayerischen Gummilöwen« interpretiert. Auf lange Sicht hat Kohl recht behalten. Mit Sicherheit wäre er niemals Bundeskanzler geworden, wenn er die Attacke von Wildbad Kreuth damals mit einer gebührenden Artilleriesalve beantwortet hätte.

An einem hat Helmut Kohl nie gezweifelt, nämlich an dem schließlichen Zustandekommen der deutschen Einheit. Als Privatmann hat er häufig die DDR bereist. Er trug sich nicht mit jenen selbstquälerischen Zweifeln, die sich bei der deutschen Linken und bei weiten Kreisen der SPD einnisteten, seit sie dem von Kurt Schumacher und Fritz Reuter vorgetragenen nationalen Anspruch entsagt hatten. Helmut Kohl war es – ebenso wie Willy Brandt – vergönnt, »Einsicht zu nehmen in die Unwägbarkeiten der Volksseele«. Natürlich ist der heutige deutsche Bundeskanzler wie alle anderen durch die brisante Beschleunigung der Umwandlungen in Osteuropa und vor allem in der DDR überrumpelt worden. Aber – auch dafür kann ich bürgen – er hat an eine Dauerhaftigkeit des zweiten deutschen Staates oder gar an einen spezifisch-sozialistischen Charakter, mit dem die DDR angeblich ausgestattet wäre, keine Sekunde lang geglaubt.

Hier bewahrte ihn der gesunde, robuste Menschenverstand vor jenen intellektuellen Spiegelfechtereien, die Brigitte Seebacher-Brandt manchem Genossen der eigenen Partei und den »kleinen Metternichs« anlastet. Helmut Kohl hat es nicht leicht mit den deutschen Intellektuellen. In aller Gerechtigkeit muß gesagt werden, daß er es auch den deutschen Intellektuellen nicht leicht gemacht hat. Seit dem Antritt seiner Kanzlerschaft hat er den Kontakt zu einer Reihe großer Publikationen strikt abgelehnt, kein einziges Mal für ein Interview mit ihnen zur Verfügung gestanden. Als ihn ein Korrespondent des »Spiegel« anläßlich einer gesellschaftlichen Veranstaltung auf das hohe Niveau seiner Rede zur »Reichskristallnacht« ansprach, war die Reaktion Kohls bezeichnend: »Wenn der Spiegel mich lobt, ist höchste Wachsamkeit geboten.« Vermutlich hätte ein Buhlen um das Wohlwollen der Hamburger Wochenzeitschrift dem Kanzler wenig eingebracht. Ganz unverhohlen wurde auf seinen »Abschuß« hingearbeitet, aber vielleicht hat Helmut Kohl die Eitelkeit der Journalisten zu gering eingeschätzt. Es hätte durchaus die Möglichkeit bestanden, unterschwelligen Einfluß zu nehmen, völlig verkehrte Ansichten zurechtzurücken und in kleinster Runde seine Kompetenz spielen zu lassen und jenen verschmitzten Charme, über den der Pfälzer verfügt.

Aber er hat den anderen Weg beschritten. Seine Pressepolitik mag durch die Tatsache behindert gewesen sein, daß die hochoffiziellen Sprecher seiner Regierung oft über seine tatsächlichen Absichten unzureichend informiert waren. Ob hinter der Härte, die Helmut Kohl als Politiker auszeichnet und die er in Krisenzeiten gern überbetont, eine tiefe Verletzlichkeit verborgen ist, steht auf einem anderen Blatt. Auf dem Schreibtisch seiner engsten Mitarbeiterin Juliane Weber, die über jedes Geschehen im Kanzleramt genaueste Kenntnis hat, ist eine umfangreiche Sammlung kleiner Spiel- und Souvenir-Elefanten aufgereiht. Gemeint ist damit gewiß nicht das Wappentier der amerikanischen »Great Old Party«. Der Elefant, so wird jeder Jäger bestätigen, ist nicht nur ein dickhäutiger, sondern auch ein sehr sensibler Koloß. Dem Elefanten wird ein ungewöhnliches Gedächtnis zugeschrieben. Von Helmut Kohl heißt es, daß er fast so nachtragend sein kann wie Charles de Gaulle.

Es ist oft betont worden, daß der Kanzler sich nur im engen Kreise alter, wirklich verläßlicher und bewährter Vertrauter wohl fühlt. Es gehört zu seiner Stärke, daß er sich auf Parteiebene mit einem Geflecht persönlicher Treuebezüge umgeben hat, daß er diese weit verzweigten Lehensverhältnisse pflegt. Alten Gönnern, denen politisches Mißgeschick widerfahren war – ich denke unter anderem an Eugen Gerstenmaier –, hat er stets über die schlimmsten Schwierigkeiten hinweggeholfen. Bei dieser Betonung der gestandenen »Männerfreundschaften«, bei seiner Suche nach verwandten Naturen mögen ihm gelegentlich Fehleinschätzungen unterlaufen. Eine alte herzliche Beziehung bestand, um nur dieses wenig verfängliche Beispiel zu erwähnen, zu dem französischen Senatspräsidenten Alain Poher. Nach dem Rücktritt de Gaulles war Poher gegen Georges Pompidou als Kandidat für das Amt des Staatschefs angetreten, und seine Chancen waren denkbar gering. Dennoch – aus einem unbezwinglichen Treuereflex –

mochte Kohl sich auf die Niederlage seines vertrauten Poher nicht einstellen.

Der heutige Kanzler empfindet vermutlich die eisige Kälte, die ihn an der Spitze der Bundesregierung in einer weltgeschichtlich so bewegten Zeit umweht, um so stärker und schmerzlicher, als er von Natur der Wärme menschlicher Beziehungen zuneigt. In den harten Jahren der Anfechtung dürfte er den Spruch verinnerlicht haben: »Herr, schütze mich vor meinen Freunden, vor meinen Feinden schütze ich mich selbst.« Wehleidigkeit weist er jedoch weit von sich: »Es hat mich niemand gezwungen, Kanzler zu werden« sagt er gern. Das Regieren in Bonn ist extrem durchsichtig, es vollzieht sich gewissermaßen im Glashaus. Die populistische Jovialität, die hier das politische Geschehen auf allen Etagen beherrscht, läßt keine hoheitliche Distanz zu, wie sie im Elysée-Palast üblich ist. Dafür blieb dem Kanzleramt auch der Typus des arroganten Hofschranzen weitgehend erspart. Möglicherweise geht es in den Wandelgängen des Weißen Hauses zu Washington, in der Herrschaftsgruft des Kreml auch nicht viel großartiger, elitärer, intellektueller zu als im rostbraunen, stillosen Gebäudekomplex am Rhein. Nur breitet sich ein dichter Mantel des Geheimnisses aus, Patina hat der Bonner Stil ohnehin nie ansetzen können.

So wurden in diesem Klima der Transparenz zweitrangige Pannen zu Staatsaffären. Ob es sich um den Streit über das Flugbenzin handelte, um die Einführung der Quellensteuer und den anschließenden Rückzieher, um die Verlängerung des Wehrdienstes, die ebenfalls annulliert wurde, um das Hin und Her von Wackersdorf – das Prinzip von »trial and error«, das Projekten des »big business« eingeräumt wird, sollte auch für gewisse Kabinettsbeschlüsse beansprucht werden können. Die Medien tun ihre Pflicht, wenn sie den Regierenden in den Arm fallen. Die permanente Debatte in der Öffentlichkeit ist der Preis, der für Demokratie entrichtet wird. Aber selbst das tragische Ende Uwe Barschels hätte in Frankreich keinen vergleichbaren Widerhall gefunden. Man weiß dort nicht erst seit Saint-Just, daß man nicht »in Unschuld regiert«.

Die Fehlleistungen des Kabinetts Kohl reduzieren sich oft auf Mängel der publizistischen Präsentation. Die Pariser Zeitung »Le Monde«, die sich nicht durch übertriebene Deutschfreundlichkeit auszeichnet, hat anläßlich des unglücklichen Vergleichs Gorbatschows mit Goebbels über die sowjetische Aufregung bei diesem Ausrutscher notiert, daß der Kreml schon dickere Kröten geschluckt habe, wenn es ihm nur in den Kram paßte. Wie hatten sich gewisse Gazetten aufgeregt, daß Kohl nicht schon im Frühsommer 1989 nach Polen reisen wollte. Er hätte dort den völlig diskreditierten Ministerpräsidenten Rakowski zum Gesprächspartner gehabt, während er im Herbst mit dem ehrenwerten Solidarnosc-Berater Mazowiecki verhandeln konnte.

Über das Treffen mit Präsident Reagan auf dem Soldatenfriedhof von Bitburg mag man durchaus geteilter Meinung sein. Daß dort auch Gefallene der Waffen-SS bestattet waren, kann nur den entrüsten, der das Dritte Reich nicht mehr erlebt hat und wenig von dem Spiel von Zwang und Zufall weiß. Die Voreingenommenheit gegen Kohl war so systematisch gesteuert, daß man ihm sogar höhnisch vorwarf, bei den Landungsfeiern von »Omaha Beach« in der Normandie nicht eingeladen worden zu sein, als ob ein deutscher Bundeskanzler bei einer Siegeszeremonie der Alliierten – und sei es für die beste Sache der Welt – etwas zu suchen hätte.

Von zahlreichen ähnlich gelagerten Beispielen möchte ich nur noch eines herausgreifen, das Wort von der »Gnade der späten Geburt«. Hier handelte es sich um eine bescheidene, fast demütige Formulierung. Sie hob sich wohltuend von der weit verbreiteten Selbstgerechtigkeit einer Generation ab, deren Väter oft bis über den Hals in das braune Desaster verwickelt waren. Wie hätten all jene »praeceptores Germaniae«, die über die »Gnade der späten Geburt« ihre bissigen Glossen schrieben, in Wirklichkeit reagiert, wenn sie ein knappes halbes Jahrhundert zuvor in die Mühlen der NS-Propaganda geraten wären? Hätten sie die Kraft zu journalistischer Abstinenz aufgebracht, als das großdeutsche Reich vom Taumel einer wahnwitzigen Begeisterung erfaßt war?

Zwei große Ereignisse ragen aus der bisherigen Amtszeit Helmut Kohls heraus. Zweimal wurde er vom Mantel der Geschichte gestreift. Ich meine einerseits das Festhalten am NATO-Doppelbeschluß, dessen Durchsetzung auf dem Boden der Bundesrepublik im Jahr 1983, und andererseits nach dem Sturz Erich Honeckers die Verkündung des Zehn-Punkte-Programms zur deutschen Frage.

Rein strategisch beurteilt, war die Stationierung der Pershing-II-Raketen eine recht überflüssige Maßnahme. Aber die gewaltige Mobilisierung der breiten Massen gegen die in Brüssel vereinbarte Nachrüstung stellte das staatsmännische Durchhaltevermögen Kohls auf die alles entscheidende Probe. Die geballte Ablehnung, die ihm nicht nur in den Medien, sondern vor allem auch aus zahllosen gutgläubigen, staatsbejahenden Bürgerinitiativen entgegenschlug, muß für einen Regierungschef, der eben erst ins Amt gewählt worden war, kaum zu ertragen gewesen sein. Die Friedensschalmeien bliesen auch damals schon aus Moskau, obwohl Gorbatschow das Amt des Generalsekretärs noch gar nicht angetreten hatte. Die

Sowjetunion hatte einen letzten großen Anlauf genommen, um die Solidarität der Atlantischen Allianz auseinanderzubrechen, um die starke pazifistische Strömung der Westdeutschen in Neutralismus umzumünzen und somit auch die Europäische Gemeinschaft zu untergraben. Nicht von ungefähr ist der sozialistische Präsident Frankreichs, François Mitterrand, Anfang 1983 nach Bonn geeilt, um dem christdemokratischen Bundeskanzler durch seine Rede im deutschen Parlament den Rücken zu steifen.

Ein großes Spiel war im Gange. Von Perestroika und Glasnost war noch nicht die Rede, als diese Kraftprobe ausgetragen wurde, und niemand wußte mit Sicherheit, auf welcher Seite geblufft wurde. Über die Konsequenzen einer gelungenen Einschüchterung der Bundesrepublik kann nur spekuliert werden. Möglicherweise hätte ein Triumph der harten Fraktion innerhalb der KPdSU – die Verhinderung der westlichen Nachrüstung unter Beibehaltung des eigenen SS-20-Arsenals im europäischen Rußland – die sogenannte Breschnew-Stagnation um lange Jahre verlängert.

Rückblickend wird man vielleicht eines Tages sagen können, daß der große Umwandlungsprozeß, der in Osteuropa und in der Sowjetunion ab 1985 in Gang kam und der mit dem Namen Gorbatschow verbunden ist, auf zwei Ereignissen basiert, die der Kreml-Führung die

Grenzen des eigenen Durchsetzungsvermögens vor Augen führten und sie somit zu einem geschmeidigeren Kurs, zur Berufung eines Reform-Politikers an die Spitze des Politbüros veranlaßten: das Scheitern der russischen Militärintervention in Afghanistan sowie das Festhalten der westlichen Allianz, an erster Stelle der Bundesrepublik, an besagtem NATO-Doppelbeschluß.

Am eigenen Leibe habe ich damals die Intensität dieses sowjetischen Drucks als Chefredakteur des »Stern« zu spüren bekommen. Nicht nur die renommiertesten russischen Journalisten gaben sich am Hamburger »Affenfelsen« die Türklinke in die Hand. Es kam auch zu stundenlangen Gesprächen mit höchsten Beauftragten aus Moskau, darunter dem damaligen Informationschef Samjatin, dem Abrüstungsexperten Generaloberst Tscherwow, dem leiblichen Sohn Andrej Gromykos. Die Botschaft war eindeutig. Als Folge der Pershing-Stationierung wurde eine Wiederaufnahme des kalten Krieges angedroht und zwischen den beiden deutschen Staaten der Schrecken einer neuen Eiszeit an die Wand gemalt. Diese Einschüchterung aus Moskau, mancher möchte das heute verdrängen, ist seinerzeit auf fruchtbaren Boden gefallen. Für einen deutschen Bundeskanzler war es bestimmt nicht leicht, dem friedlichen und disziplinierten Aufmarsch hunderttausender von Nachrüstungsgegnern, sogar den Unsicherheiten in der eigenen Koalition um keinen Deut nachzugeben. Mit dem unverzagten Festhalten am NATO-Doppelbeschluß wurde die Voraussetzung geschaffen – vielleicht für die Berufung Gorbatschows statt Romanows an die Spitze der KPdSU – mit Sicherheit für jene realen Abrüstungsfortschritte, die durch das Treffen von Reykjavik eingeleitet wurden und deren befriedigende Krönung im nuklearen wie im konventionellen Bereich heute näherzurücken scheint.

Die westlichen Verbündeten haben in jener Schicksalsstunde, als die Bündnistreue der Bundesrepublik zur Debatte stand, feststellen können, welchen Faktor der unbeirrbaren Stabilität die Kanzlerschaft Kohls verkörperte. Ganz allgemein muß festgestellt werden, daß das Ansehen des Pfälzers im Ausland unendlich größer ist als im Inland. Wie oft bin ich in Frankreich gefragt worden, was denn die Deutschen an einem Kanzler zu mäkeln hätten, der den Wohlstand seines Landes in bemerkenswerter Weise gemehrt, der die D-Mark praktisch zur Leitwährung des Kontinents gemacht und den zuverlässigen Europakurs Bonns dynamisiert habe. Zwischen Mitterrand und Kohl – zwischen diesen beiden grundverschiedenen Naturen – entspann sich eine seltsam intime Beziehung, gipfelnd in jenem karolingischen Rütlischwur, dem Händedruck auf dem Schlachtfeld von Verdun, der heute schon wieder ein bißchen nostalgisch stimmt. Über all diesen Gesten weht stets ein Hauch von »verlorener Illusion«. Jedenfalls erschien der rheinische Katholik Kohl, der »Enkel Adenauers«, dieser massive Nachbar, der fast ein Elsässer sein könnte, dem Durchschnittsfranzosen als verläßlicher Repräsentant der »bonne Allemagne«. Ehe man Helmut Kohl in Pariser Karikaturen mit der wilhelminischen Pickelhaube abbilden würde, mußte der neue Aufbruch zur deutschen Einheit stattfinden.

Daß dieser Kanzler in Washington wohlgelitten war, verstand sich von selbst, und es war für Kohl wiederum Glück im Spiel, daß er sich nicht wie sein Vorgänger im Amt mit der Unberechenbarkeit eines Jimmy Carter herumärgern mußte. In der Dritten Welt, wo man physische Kraft oft mit politischem Durchsetzungsvermögen gleichsetzt, kam dieser Hüne ohnehin gut an. Sogar die Sowjetrussen haben stets – ohne es zugeben zu wollen – eine Präferenz für solide, handfeste Konservative gehabt, während sie den Linksliberalen oder gar Alternativen mit Abstand begegneten. Daß er die Statur eines Sowjetmarschalls aufweist, hat Kohl bei den Moskowitern bestimmt nicht geschadet. Er hat mir einmal gestanden, daß er in seinem ganzen Leben dem körperlichen Schwergewicht, das sensible Gemüter irritieren mag, viel zu verdanken habe, mochte auch die Eleganz des Auftritts darunter leiden.

»Das Zusammenleben mit einer großen Zahl von Menschen
anderer Mentalität, häufig auch anderer Kultur und anderer Religion,
stellt alle Betroffenen vor eine anspruchsvolle Aufgabe.«

Helmut Kohl ist beschert worden, wovon andere Kanzler nicht einmal zu träumen wagten: die Auflösung des russischen Macht-Glacis in Osteuropa und – höchster Preis, höchste Erprobung zugleich – die greifbare Verheißung der deutschen Einheit. Größeres Glück konnte einem deutschen Politiker nicht widerfahren. Wenn es im journalistischen Gewerbe eine Schamfrist gäbe, so wären zahlreiche Leitartikler und Kommentatoren der Bundesrepublik heute zu langem Schweigen verurteilt. Fast als Revanchist wurde ja verurteilt, wer die deutsche Frage noch als »offen« bezeichnete. In gewissen Redaktionen galt das Wort von der deutschen Wiedervereinigung bei den einen als Schimäre, bei den anderen als Obszönität. An der Identität der DDR durfte nicht gezweifelt, an ihrer Stabilität nicht gerüttelt werden, wenn man sich nicht den Ruf eines »kalten Kriegers« einhandeln wollte. Im Rückblick kann der Zeitzeuge nur über die schier unbegrenzte Fähigkeit zum Vergessen eigener Fehlprognosen staunen.

Die Ausländer – Franzosen und Polen vorneweg – haben stets gewußt, daß die deutsche Frage nicht zur Disposition stand, auch wenn der Gedanke an eine solche Einheit zwischen Rhein und Oder sie nicht mit Begeisterung erfüllte. Wie sollte er auch? In Deutschland war das Unvermögen, die Eruptivität des deutschen Schicksals zu begreifen, nicht nur auf die Linke beschränkt. Als Franz Josef Strauß seinen Milliarden-Kredit an die DDR mit dem Emissär Schalck-Golodkowski einfädelte, konnte er nicht ahnen, daß dieser Bevollmächtigte Honeckers wenige Jahre später seine Zuflucht im Westberliner Gefängnis von Moabit suchen würde. Natürlich ahnte auch Helmut Kohl zu Beginn des Jahres 1989 nicht, daß den Deutschen und ihm selbst als Weihnachtsbescherung die Öffnung des Brandenburger Tors zuteil werden würde. Der Lauf der Ereignisse hat ein so überstürztes Tempo eingeschlagen, sämtliche Gewißheiten von gestern wurden so hastig über den Haufen geworfen, daß auch ich mich in diesem zeitbezogenen Essay vor neuen, unkalkulierbaren Überraschungen hüten muß. Dies ist keine gute Zeit, die Pythia oder Sibylle zu spielen. Belassen wir es also bei der Bewertung des Geschehenen, insbesondere der Art und Weise, in der Helmut Kohl der großen »nationalen Wende« begegnet ist.

Seit Kohl am 28. November 1989 Freund und Feind mit seinem Zehn-Punkte-Konzept zur Überwindung der Teilung Deutschlands überraschte, ja überrumpelte, hat er eine neue Dimension gewonnen. Die Vorstellung von dem Bundeskanzler, der Krisen dadurch zu meistern sucht, indem er sie »aussitzt«, muß auch von seinen ärgsten Kritikern revidiert werden. Seine angebliche Unbeweglichkeit bezog sich ohnehin meist auf Bagatellfälle, die sich ohne viel Wirbel oft von selbst glätteten. Bei der Führung der Kabinettssitzungen wurde ihm von allen Ministern eine oft kurz angebundene Sachlichkeit bescheinigt, soweit die Koalitionsrücksichten keine Hemmnisse auferlegten. In seinem Zehn-Punkte-Plan zur Deutschlandfrage, den er klammheimlich und beinahe über Nacht mit seinen engsten Vertrauten ausarbeitete, ist ihm zweifellos der große Wurf gelungen. Im Gegensatz zur Nachrüstungsdebatte, wo er bereits vorgesteckte Stellungen konservieren und sich eher reaktiv behaupten mußte, ergriff er dieses Mal selbst und völlig ungeschützt die Initiative. Er befolgte eine Maxime, die Charles de Gaulle einst dem amerikanischen Präsidenten Kennedy auf den Weg gegeben hatte: »N'écoutez que vous-même! Hören Sie nur auf sich selbst!«

Der Zehn-Punkte-Plan hat viel Ärger erregt. Die Koalitionspartner waren übergangen worden – an ihrer Spitze Hans-Dietrich Genscher – und die parlamentarische Opposition ohnehin. Auch die Alliierten – sogar François Mitterrand – wurden nicht unterrichtet. In der Sache enthält das Kohlsche Konzept keinen Punkt, der nicht bereits von allen Seiten des befreundeten In- und Auslandes abgesegnet worden wäre, und er zeichnet sich – wie das bei diesem Kanzler üblich ist – durch große Behutsamkeit aus. Das Selbstbestimmungsrecht der Deutschen in der DDR ist ein ebenso elementarer Anspruch wie die »self-determination« der Ovambo in Namibia oder der Kanaken auf Neu-Kaledonien. Die Verwirklichung der deutschen Einheit ist im Grundgesetz der Bundesrepublik als oberster Leitsatz vorgegeben und in voller Kenntnis von den West-Verbündeten als Ziel akzeptiert worden.

Die feierliche Betonung der Respektierung des Atlantischen Bündnisses – hier wirkte Kohl glaubwürdiger als jeder andere Politiker, nachdem er die Schlacht um die Pershing II durchgestanden hatte – wurde den bestehenden Allianzverpflichtungen gerecht. Die europäische Einheit soll wohlweislich die Voraussetzung sein, das Dach, unter dem sich der deutsche Zusammenschluß vollzöge. Schließlich wurde den Nachfolgern Erich Honeckers in der DDR neben einem Katalog von Hilfs- und Koordinationsangeboten ein Entwurf von »konföderativen Strukturen« in Aussicht gestellt – hier wurde bewußt eine recht unklare Definition gewählt –, der dem Vorsitzenden des DDR-Ministerrats, Hans Modrow, unter dem ebenfalls verschwommenen Begriff »Vertragsgemeinschaft« durchaus genehm sein konnte. Es ist bezeichnend, daß die Kritik, die nach einem ersten Schock über diese blitzartige Aktion einsetzte, sich an Detailfragen festbiß, vor allem jedoch an der Methode des Kohlschen Alleinganges Anstoß nahm.

Man kann sich jedoch unschwer ausmalen, welche Lähmung, welche unerträglichen Verzögerungen eingetreten wären, wenn der Deutschland-Plan in der Kabinettsrunde oder gar im Bundestag vor seiner Proklamation zur Debatte gestellt worden wäre. Wer Kohl immer wieder seine schleppende Betulichkeit vorwarf, wer mit Vorliebe jene Fotos publizierte, die den Kanzler beim Bückling vor den Gattinnen fremder Staatschefs zeigte, der hätte mit seinem Tadel an diesem einsamen Entschluß zurückhaltender sein müssen. Zu Hans-Dietrich Genscher stellte sich ohnehin eine heimlich angespannte Rivalität, ja, eine gegenseitige Distanzierung ein. Auf dieser Ebene der Innenpolitik warfen die Wahlkämpfe des Jahres 1990 ihre Schatten voraus. Was die Sozialdemokraten betraf, so waren sie ja in jenen Tagen mit ihren eigenen Deutschland-Vorstellungen noch längst nicht im reinen. Erst der Vorstoß Kohls hat sie auf dem Berliner Parteitag dazu gebracht, eine Richtlinie zu definieren, die, abgesehen von einem eindeutigen Bekenntnis zur polnischen Westgrenze, sich mit dem Konzept des Bundeskanzlers weitgehend deckt und ausdrücklich das Wort »Konföderation« aufnimmt.

Niemand hat schärfere Abrechnung mit den internen Widersprüchen, der Unsicherheit der SPD angesichts der aufkommenden nationalen Frage, gehalten als Brigitte Seebacher-Brandt in der »Frankfurter Allgemeinen Zeitung« vom 21. November 1989. Dieser Artikel, der mit Sicherheit Überzeugungen Willy Brandts widerspiegelte, hat wohl dazu beigetragen, die deutsche Sozialdemokratie von einem bereits vorgezeichneten Irrweg abzubringen. »Die Entschließung, die die SPD in Berlin fassen wird, inspiriert und entwirft Egon Bahr«, schreibt Frau Seebacher-Brandt am Vorabend des Parteitages; »... Gegenpositionen mit Aussicht auf Echo zeichnen sich nicht ab. So läßt sich vorhersagen, daß die Zweistaatlichkeit und die Nichteinmischung in die Angelegenheiten der DDR großgeschrieben wird. Einheit – so der Befund – stelle sich auch auf diese Weise her, und nationales Bewußtsein gelte es dadurch zu untermauern, daß alliierte Besatzungsrechte abgebaut und beide deutschen Staaten souverän würden.« An einer anderen Stelle heißt es: »Die gesamtdeutsche Lösung, einst eine antikapitalistische Zuflucht der Linken, gehört der Vergangenheit an. Woher die selbstquälerische Angst vor Ratschlägen und Maßstäben? Woher die selbstzweiflerische Manie, dem Ruf nach Reform drüben (in der DDR), den nach Reform hüben (in der BRD) hinterherzuschicken? Das Selbstverständnis der Linken schließt Stolz auf die deutsche Nachkriegsdemokratie nicht ein, und die Bundesrepublik als die Antwort zu verstehen, die aus dem Abgrund der deutschen Geschichte hinausgeführt hat, käme ihr nicht in den Sinn. Anders gewendet: Die Zweistaatlichkeit gilt heute als Strafe für alles, was Deutschland der Welt angetan hat. Tatsächliche oder vermeintliche Vorbehalte der Nachbarn, naher und ferner, werden so oft strapaziert, daß man sich an ein Wort Churchills erinnert. Er hatte gefunden, man habe die Deutschen entweder an der Gurgel oder an den Füßen. Wer Selbstbestimmung auch den Deutschen zugesteht, müßte die Einheit als nahezu selbstverständlich einrechnen, und im übrigen sich der Erfahrung stellen, daß sie sich täglich vollzieht – diesseits aller diplomatischen Finessen und ideologischen Träume.« An diesen Zeilen läßt sich ermessen, wie rasant und erfolgreich die SPD seitdem das Steuer herumgerissen hat.

Zu dem Zeitpunkt, da dieser Essay geschrieben wurde, blieb die weitere interne Entwicklung der DDR ungewiß. Die blutigen Ereignisse von Rumänien wirkten wie eine schreckliche Warnung. Um so glücklicher müssen die Deutschen sich schätzen, daß die Auflösung des DDR-Systems sich friedlich und vernünftig vollzog. Noch sind nicht alle Gespenster gebannt. Und inzwischen hat sich herausgestellt, daß nicht nur die materiellen Schwierigkeiten unermeßlich sind, sondern die psychologischen Abgründe zwischen den ehemaligen deutschen Staatssystemen das schmerzlichste Problem der deutschen Einigung darstellen.

Helmut Kohl hatte – wieder einmal von hämischen Bemerkungen begleitet – seine Polenreise unterbrochen, um nach Berlin zu eilen, als die ersten Breschen in die Mauer geschlagen wurden. Er nahm dafür ein Pfeif- und Buhkonzert vor dem Schöneberger Rathaus in Kauf, der einzige Mißklang an diesem schönen Tag, den die Deutschen jenseits aller parteipolitischen Querelen hätten feiern sollen. Kohl mußte nach Berlin, hatte man es doch Konrad Adenauer bis zuletzt übelgenommen, daß er nicht in der ersten Stunde des Mauerbaus in die ehemalige Reichshauptstadt geeilt war. Dem Kanzler stand der eminente Platz auf dem Balkon des Schöneberger Rathauses sehr wohl zu, hatte er doch bei seinen Geheimkontakten mit Budapest die erste Voraussetzung des großen deutschen Tauwetters, die bedingungslose Öffnung der ungarisch-österreichischen Grenze, erwirkt.

Für Kohl stellt sich die brennende Frage, wie sich die Struktur und die Motivation seiner eigenen christlich-demokratischen Bewegung, die aus der Stimmung der Nachkriegszeit und dem besonderen soziologischen Gemenge Westdeutschlands hervorgegangen ist, auf die ganz anders geartete politische Landschaft der DDR übertragen läßt, welche festen Konturen, ja Richtlinien er dieser amorph scheinenden Masse anempfehlen kann. Nicht nur für die CDU ist es zutiefst beklemmend, daß der begeisternde Aufbruch der DDR-Deutschen jeder organisch gewachsenen Partei-Orientierung – wenn man vom hartgesottenen Kader-Apparat der SED absieht – entbehrt.

Am 19. Dezember 1989 hat Helmut Kohl vor der Ruine der Frauenkirche zu Dresden seine Feuerprobe bestanden. Zum ersten Mal in seinem Leben schlug ihm so etwas wie breite nationale Anerkennung entgegen. Vergessen waren die Pöbeleien von Schöneberg. Nun brandete es »Helmut! Helmut!« über ihn her. Zahllose schwarz-rot-goldene Fahnen – für den Pfälzer ist das die Flagge des Hambacher Schlosses und des frühen, vergeblichen Anlaufs zur deutschen Demokratie – wurden in der Menge geschwenkt. Das Emblem mit Hammer und Zirkel war nicht mehr vorhanden. Der Ruf »Deutschland, einig Vaterland« hallte auf, und es hätte nicht viel gefehlt, da wäre die Hymne von »Einigkeit und Recht und Freiheit« angestimmt worden.

Die Stadt, die man einst »Elb-Florenz« nannte und die sich lange Jahrhunderte hindurch der preußischen Expansion widersetzt hatte, war ein idealer historischer Rahmen für diese Veranstaltung. Seit 1945 war es den deutschen Chronisten und Publizisten fast nie gelungen, das deutsche Schicksal anders als im Rahmen der Bismarckschen Reichsgründung zu konzipieren. Auch diejenigen Politiker, die die weitaus größten Regionen des einstigen Preußens bereitwillig abschrieben und die polnisch-russische Annexion östlich von Oder und Neiße mit eindeutiger Verzichtsgeste akzeptierten, konnten sich nicht aus dem großen Schatten des Eisernen Kanzlers lösen, der – dieses sei nur am Rande vermerkt – mit seiner hochgelagerten Fistelstimme auch keine überzeugende Kommunikationsfigur des audiovisuellen Zeitalters abgegeben hätte. Eine seltsame Einseitigkeit hatte die Nachkriegsdeutschen auf den Hohenzollernschen Teilaspekt ihrer Geschichte festgelegt. Geblendet durch die Glorie Friedrichs des Großen, reduzierten sie das deutsche Schicksal allzuoft auf die Abläufe in der norddeutschen Tiefebene.

Als sich die Frage neuer verfassungsrechtlicher Konstruktionen stellte, wurden auch alte Modelle wieder diskutiert. Doch die Deutschen sollten das Wilhelminische Reich und die aus ihm hervorgegangene Weimarer Republik als das einstufen, was sie waren, nämlich als eine relativ kurze, wenn auch nicht unbedeutende Episode ihrer Vergangenheit. Natürlich soll hier nicht dem »Deutschen Bund« das Wort geredet werden, dem es aufgetragen war, unter der Fuchtel der Heiligen Allianz den post-napoleonischen Status quo in Europa, die

Ordnung des Wiener Kongresses zu verewigen. »Der Bund - der Hund«, hieß es damals bei den deutschen Liberalen, die der preußisch-österreichischen Rivalität und des Gottes-Gnadentums ihrer Duodez-Fürsten überdrüssig waren. Die profunde, die dauerhafte Natur des deutschen Gemeinwesens ist in der ferneren Tradition des Heiligen Römischen Reiches zu suchen, das erst sehr spät mit dem einschränkenden Zusatz »Deutscher Nation« versehen wurde. Dieses Heilige Römische Reich, das so manchem anachronistisch und verstaubt erscheint, besaß gegenüber den Nationalstaaten, die sich unter dem Einfluß der jakobinischen Revolution in Frankreich auf dem ganzen Kontinent – bis zum hintersten Balkan und zum Baltikum – nach und nach herausbildeten, einen beachtlichen Vorzug, der fast modernistisch anmutet: Es war supranational, und es war extrem dezentralisiert. Bei der Eingliederung eines geeinten Deutschlands in eine erweiterte Europäische Gemeinschaft, die in logischer Weiterführung der Konföderationspläne zumindest bis zum Bug und den Karpathen reichen sollte, bieten die verstaubten Verästelungen und Koexistenz-Gewohnheiten des Sacrum Imperium Romanum vermutlich ein weit brauchbareres Modell als jener unitäre Staat, den die Jakobiner in Fortsetzung der französischen Monarchie und unter Vorwegnahme des Bonapartismus festschrieben. Nicht ohne Grund haben viele französische Politiker an einer europäischen Föderation Anstoß genommen, die dem alten römisch-germanischen Reichsgedanken mitsamt seiner weitgehenden Verselbständigung der Wirtschaftskräfte in Hanse und Städtebünden sehr viel näher kam als dem Postulat der »nation une et indivisible«.

Dieser Rückblick sollte uns nicht über die inhärenten Gefahren einer jeden deutschen Einheitsbewegung hinwegtäuschen. Als Reaktion auf die bonapartistische Fremdherrschaft wurde im Verlauf der preußischen Reformen, der Befreiungskriege, der neuen patriotischen Ideale, wie sie von Fichte und Herder gepredigt, von Ernst Moritz Arndt besungen wurden, ein deutsches Nationalempfinden geweckt, das sich zwangsläufig in Opposition zu den gallischen Vorlagen definieren wollte. Wo in Frankreich der voluntaristische Aspekt der Staatswerdung unterstrichen wurde – die Nation sei »eine tägliche Volksabstimmung«, hat Renan später beschönigend gesagt –, war für die Deutschen des patriotischen Aufbruchs »das Volk«, die gemeinsame Zugehörigkeit zu einer Sprache, zu einer Kultur, zum gleichen Blut – von Rasse sprach man erst später – der eigentliche Zusammenhalt, die letzte schicksalhafte Identität. Die sehr aktuelle Problematik der deutschen Rücksiedler ist ohne diesen staatsphilosophischen

Hintergrund gar nicht zu begreifen. Der völkische Zug des deutschen Nationalgefühls ist seit 1945 doppelt verdächtig, und deswegen klingt es in den Ohren des Auslandes recht unterschiedlich, ob amerikanische Jugendliche »we are the people« singen, oder ob junge Sachsen den befreienden Satz skandieren: »Wir sind das Volk!«

Rasend schnell verändern sich die Perspektiven in Europa. Sogar die deutsch-französische Wahlverwandtschaft sieht sich Belastungen ausgesetzt, die vor einem Jahr schwer vorstellbar waren. Ich beginne absichtlich mit Frankreich, weil hier die positivste Umkehr eines verhängnisvollen Geschichtsablaufs, eine tatsächliche Vergangenheitsbewältigung, seit 1945 in vorbildlicher Weise stattgefunden hat. Im übrigen würde die europäische Einigung zum Bruchwerk, wenn sie sich nicht weiterhin auf das deutsch-französische Fundament stützte, wenn dieser Eckstein abhanden käme.

Natürlich hatte man in Paris quer durch alle Parteien Beteuerungen abgegeben, die deutsche Einheit sei ein normaler, unveräußerlicher Anspruch des Nachbarvolkes, das Selbstbestimmungsrecht stehe allen Menschen ohne Ausnahme zu. Die Berliner Mauer wurde als Machwerk der Schande bezeichnet, »le mur de la honte«, bis plötzlich die spektakulären Veränderungen in der DDR alle anderen europäischen Entwicklungen in den Hintergrund drängten. Im Sommer 1982 hatte François Mitterrand mir noch in einem Interview versichert, er betrachte das Streben der Deutschen nach staatlicher Einheit als ein natürliches Anliegen. Er gehe jedoch davon aus, so sagte er damals, daß er sich während seiner Amtszeit mit dieser Frage nicht mehr auseinanderzusetzen habe. Hier lag sein Irrtum.

Wir erwähnten bereits die Verstimmung des französischen Staatschefs, daß er von Helmut Kohl über dessen Zehn-Punkte-Erklärung weder konsultiert noch informiert worden war. Er stand mit diesem Vorwurf nicht allein. Die deutsche Opposition hat sich des Arguments unverzüglich bemächtigt, der Kanzler habe – im Interesse der eigenen nationalen Profilierung – die europäische Solidarität zu Schaden kommen lassen. Doch was hätten internationale Absprachen schon bringen können? Alle nur erdenkbaren Zusagen und Rücksichten waren in dem Deutschland-Konzept ohnehin enthalten. Die Nachkriegsepoche war zu Ende, und es war an der Zeit, das deutsche Schicksal in eigener Regie zu gestalten, es zumindest nicht mehr einem anachronistischen Besatzungsrecht unterzuordnen. Hier war – auch im Hinblick auf die psychologische Verfassung der nachwachsenden Generation – eine nationale Geste gefragt. Der Kanzler hat einen Akt vollzogen, der de Gaulleschen Stil verrät, und er wußte sehr wohl, daß er damit anecken würde. Immerhin konnte er darauf verweisen, daß Konrad Adenauer einmal von Kurt Schumacher als »Bundeskanzler der Alliierten« geschmäht worden war. Das sollte ihm nicht passieren. Es war schon irritierend genug, daß Mitterrand sich nicht davon hatte abbringen lassen, mit dem bundesdeutschen Regierungschef gewissermaßen einen Wettlauf zu den neuen DDR-Behörden anzutreten, und daß der französische Staatschef darauf bestand, ausgerechnet Egon Krenz einen Schein von internationaler Aufwertung anzubieten.

Wenn Kohl eine Art deutschen Gaullismus praktizierte, so tat er es doch mit Behutsamkeit. Selbst in der nationalen Feststimmung von Dresden sollte ihm kein einziges unüberlegtes Wort entrutschen. Nach dem Wagnis der zehn Punkte folgte er wieder seiner natürlichen Neigung zur Vorsicht. Er hatte ohnehin die meisten Trümpfe in der Hand und konnte mit Gelassenheit zusehen, wie die vier Botschafter der Siegermächte von 1945 sich im Kontrollratsgebäude versammelten und so taten, als habe sich seit 1945 nichts Grundlegendes geändert, als sei ihr Anspruch auf die Vier-Mächte-Kontrolle über Deutschland nicht längst obsolet. Bei der Neugestaltung Mittel- und Osteuropas werden die Vereinbarungen von Jalta und Potsdam dem relativierenden Prinzip »rebus sic stantibus« Rechnung tragen müssen.

In Wirklichkeit waren es weder deutsches Bramarbasieren noch nationalistische Aufwallung der Bonner Parteien, die die französische politische Klasse aus ihrer selbstgefälligen Vorstellung vom französischen Führungsanspruch in Europa aufrüttelten. Seit geraumer Zeit hatte auch die breite französische Bevölkerung, die sich bei Meinungsumfragen zu zwei Dritteln für die deutsche Wiedervereinigung ausgesprochen hatte, begriffen, daß die Bundesrepublik die maßgebliche Wirtschaftsmacht des Kontinents geworden war und alle Partner weit hinter sich gelassen hatte. Unaufhaltsam war die D-Mark dabei, sich als Leitwährung Europas zu etablieren. In seiner Sorge um die französischen Interessen reagierte Mitterrand mit fast erpresserischer Hast, indem er Kohl – als Gegenleistung für seine Zustimmung zur unausweichlichen Umgestaltung Mitteleuropas – die Zusage über eine Beschleunigung des monetären und finanziellen Zusammenschlusses der EG abverlangte, was natürlich auf Kosten der Selbständigkeit der Bundesbank und der Stabilität der deutschen Währung gehen müßte. Schon schrieben französische Kommentatoren ernüchterte Artikel über die paradoxe Tatsache, daß die beiden Besiegten des Zweiten Weltkrieges – Japan in Fernost, Deutschland in Europa – in ihren jeweiligen Großräumen eine heimliche Revanche zelebrierten. Frankreich, so steht heute

»Ich wünsche mir für die Zukunft,
daß wir alle auch und gerade in wirtschaftlich schwieriger
Situation mehr zusammenwirken und das Augenmaß
wichtiger ist als medienwirksame Auftritte.«

objektiv zu befürchten, droht in die Rolle einer »europäischen Wallonie« abgedrängt zu werden, trotz aller wirtschaftlichen Kraftakte und Erfolge, die die Vierte und Fünfte Republik seit dem Zweiten Weltkrieg für sich verbuchen konnten.

In dem Maße, wie der kalte Krieg ad acta gelegt wurde und die militärische Bedrohung Westeuropas durch den Warschauer Pakt jede Glaubwürdigkeit verlor, verblaßten auch die bislang sakrosankten Prämissen der militärischen Planung. Hatte Frankreich lange Jahre geglaubt, das ökonomische Übergewicht der Deutschen durch seine exklusive Zugehörigkeit zum nuklearen Klub der Großen kompensieren zu können, so stellte sich jetzt heraus, daß die atomare Waffe, zumindest im europäischen Bereich, als politisches Argument, als »ultima ratio regum«, stumpf geworden war und keine äquivalente Kompensation bot. Helmut Schmidt hatte die Bundesrepublik noch als wirtschaftlichen Riesen und politischen Zwerg beschrieben. Nun stellte sich mit dem Abflauen der russischen Bedrohung heraus, daß wirtschaftliche Stärke auch das Instrument realer politischer Macht darstellt. Die alte Maurras'sche Formel »politique d'abord« gehörte ohnehin in die Rumpelkammer nationalistischer Eitelkeit. Schon sprach man von einer weltweiten Triade: USA, Japan, Deutschland.

Die französische Presse hat diese Gewichtsverschiebung auf bissige und für das Selbstbewußtsein Mitterrands schmerzliche Weise illustriert. Da erschien zunächst in »Le Monde« eine Karikatur von Plantu, die den brüderlichen Händedruck von Verdun darstellte; aber Kohl war dabei zum Giganten ausgewachsen, während Mitterrand zum Pygmäen schrumpfte. – Eine andere Skizze zeigte die Zwölfergemeinschaft, die unter Vorsitz Mitterrands tagte, während Kohl mit mächtigen Hammerschlägen die Berliner Mauer einriß. »Helmut, können wir anfangen?« fragt der Franzose, und der Kanzler antwortet »Ich komme ja schon.« – Ein paar Tage später wurden die vier Botschafter der Siegermächte vorgeführt, klein und geduckt an ihren Tisch geklammert; etwas abseits saß ein riesiger Kohl. »Tut einfach so, als wäre ich nicht da«, sagte der Kanzler. – Schließlich, und das war wohl der Gipfel, entdeckte der Leser von »Le Monde« das wohlbekannte deutsch-französische Paar mit leicht verkniffenen Gesichtern. »Sie haben nichts über die Oder-Neiße-Grenze gesagt«, bemerkt Mitterrand vorwurfsvoll, und Kohl antwortet: »Über Elsaß-Lothringen auch nicht.« Aus dem Bundeskanzler, den die Spötter in Frankreich – von der deutschen Presse inspiriert – gelegentlich als freundlichen Tolpatsch vorgestellt hatten, war plötzlich ein Koloß geworden.

Solche Sticheleien gehen im Elysée-Palast unter die Haut. So erklärt sich wohl auch jene überstürzte Reise des französischen Präsidenten nach Kiew, wo er mit Gorbatschow zusammentraf, als wolle er den Eindruck erwecken, »la belle et bonne alliance«, das schöne und gute Bündnis zwischen Frankreich und der Sowjetunion, das de Gaulle schon bei Kriegsende mit Stalin abgeschlossen hatte und das von Moskau nach der deutschen Wiederbewaffnung längst aufgekündigt worden war, sei noch ein taugliches Instrument der französischen Diplomatie. Am Quai d'Orsay war man sich offenbar des sporadischen und oberflächlichen Charakters der historischen Beziehungen zwischen Frankreich und Rußland nicht recht bewußt. Selbst die Allianz im Ersten Weltkrieg hatte mit der schrecklichen Enttäuschung von Brest-Litowsk geendet. Die deutschen Fürsten hingegen hatten jahrhundertelang in intimer Beziehung zum Zarenhof gestanden. Preußen, so drückte man es damals am Hof von Potsdam in der Sprache Voltaires aus, gestalte seine Politik »sous l'œil de la Russie« – »unter dem wachsamen Auge Rußlands«. Das französische Mißtrauen, die offensichtliche Verstörung einer Reihe Pariser Politiker und Leitartikler über den deutschen Einflußzuwachs – selbst wenn er sich ohne jede Spur von Provokation oder Kraftmeierei, ja sogar unter Verzicht auf jegliches nationales Pathos vollzog – lösten wiederum in der Bundesrepublik ärgerliche und sogar polemische Reaktionen aus. Man nahm in Bonn irritiert zur Kenntnis, daß den Deutschen neue Hegemonialabsichten unterstellt wurden; sie seien an der Ausdehnung ihrer Einflußzone in Mittel- und Osteuropa stärker interessiert als am konsequenten Ausbau des Gemeinsamen Marktes. Ein bekannter französischer Bankier sagte mir – ohne jede Spur von Bitterkeit übrigens –, man könne angesichts der Auflösung des russischen Systems im Osten die westeuropäische Union allmählich zu Grabe tragen. Im Herzen des Kontinents seien Verschiebungen im Gange, Neugruppierungen würden sichtbar, die sich in die Nachfolge des Heiligen Römischen Reiches Deutscher Nation und der verflossenen Donau-Monarchie einordnen ließen.

Daß mit solchen Anspielungen und Unterstellungen die Deutschen zu einer schwankenden Haltung zwischen Ost und West geradezu ermutigt wurden, schienen die Franzosen nur allmählich zu entdecken. Das ausführliche Gespräch, das Mitterrand mit dem damals neuen Generalsekretär der SED, Gregor Gysi, geführt hat, drohte diesen Bankrott-Verwalter der DDR in die Rolle eines neuen Walther Rathenau zu drängen. Der Gedanke an eine Wiederholung Rapallos wurde in Paris geschürt, nicht in Bonn. In dieser Situation war die ganze solide Verläßlichkeit Kohls gefordert, um den bösen Ahnungen überzeugend entgegenzutreten. Nicht umsonst betonte er bei jeder Gelegenheit, daß er kein »Wanderer zwischen den Welten« sei. Seine Bemühungen, die westeuropäische Union selbst in dieser Phase des Tumults weiter zu stabilisieren, wurde durch die Tatsache erleichtert, daß den Franzosen – neben der »präferentiellen Zusammenarbeit« mit Deutschland – wenig glaubwürdige Alternativen zur Verfügung stehen. Dennoch ist die enge deutsch-französische Kooperation aus dem Tritt geraten, und François Mitterrand hat die Gelegenheit des Golfkrieges wahrgenommen, um sich – gemessen an den zögerlichen Deutschen – als der verläßlichere Bündnispartner zu empfehlen. Das gleiche gilt in noch stärkerem Maße für Großbritannien, wo das deutsche Übergewicht auf dem Festland zeitweise als unerträglich empfunden wurde und man bereits nach neuen Formeln einer kontinentalen »blance of power« suchte. Spanien und Italien, dem Heiligen Römischen Reich durch vielfältige Traditionen verhaftet, stehen für eine Interessenkoalition gegen Deutschland kaum zur Verfügung, was Giulio Andreotti dazu auch vermelden mag. Die Vereinigten Staaten von Amerika würden sich hüten, den europäischen Partner der bereits erwähnten »Triade« ernsthaft zu verprellen.

Doch auch in Washington war die Versuchung groß, an den beruhigenden Gewißheiten von Jalta festzuhalten, die beiden Blöcke, die Europa spalten, zu stabilisieren, zumal seit Afghanistan – unabhängig von der Rolle Gorbatschows – die Sowjetunion zum großen kriegerischen Ansatz nicht mehr gewillt und befähigt ist. Wie schwer sich die USA mit der gründlichen Veränderung des Status quo in Europa tun, läßt sich aus dem seltsamen Umstand ablesen, daß Außenminister Baker – ohne zwingenden Grund – die Sowjetmacht aufforderte, auf dem Höhepunkt der rumänischen Krise in Bukarest militärisch zu intervenieren. Schon sind in Washington Projekte lanciert worden, die die wirtschaftliche und politische Verflechtung der USA mit der Europäischen Gemeinschaft intensivieren möchten, gewiß nicht ganz ohne hegemoniale Hintergedanken. Obwohl in Paris die Befürchtung um sich greift, in eine kontinentale Randlage am Atlantik gedrängt zu werden, hat Mitterrand diese Einmischung aus Übersee mit gaullistischen Akzenten zurückgewiesen.

Dies ist eine schlechte Zeit für Prognosen. Die englische Zeitung »The Independent« hat die Dinge vermutlich auf den richtigen Nenner gebracht, indem sie die Quelle der großen Ungewißheiten, die Europa und die übrige Welt in Atem halten, nicht so sehr in Deutschland, sondern in Rußland sucht. In der deutschen Frage ist die Haltung des Kreml alles andere als eindeutig. Der Bundeskanzler muß wissen, daß er es weiterhin in Moskau mit undurchschaubaren Partnern zu tun hat. Der große Entwurf Gorbatschows ist immer noch in dichten Nebel gehüllt. Glaubt er wirklich, daß er die politische Liberalisierung in Osteuropa zulassen, ja aktiv vorantreiben kann, ohne ähnliche, ja weit explosivere Kräfte im eigentlichen Staatsgebiet der Sowjetunion auf den Plan zu rufen? Mag sein, daß seine Politik auf die Entmachtung der KPdSU, zumindest auf die Entschlackung ihrer Bürokratie gerichtet ist und daß er am Ende seines gefährlichen Drahtseilaktes sogar der sozialistischen Planwirtschaft den Rücken kehren will. Doch wer möchte ihm ernsthaft unterstellen, daß er den Aufbruch der diversen Nationalitäten der Sowjetunion zu größerer Selbständigkeit begünstigt, ja ihren Separationswillen von Moskau akzeptiert, um am Ende die Auflösung des eigenen Staatsverbandes in die Wege zu leiten. Eine solche Entwicklung bahnt sich jedoch in diversen Randzonen dieses Vielvölker-Imperiums an. Sollte der militärische Einsatz der Roten Armee gegen die Sezessionsbewegung Aserbeidschans sich in anderen Teilrepubliken wiederholen, müßte sich das im Westen mühsam aufgebaute Image eines im Herzen liberalen und konzilianten Reformers auf die Dauer ins Gegenteil verkehren.

Was Michail Gorbatschow mit der DDR ursprünglich im Schilde führte, ob seinen Demarchen überhaupt ein ausgeklügelter Plan zugrunde lag, bleibt ungewiß. Da wurde Erich Honecker am 40. Gründungstag der DDR von Gorbatschow zum letzten Mal in die Arme geschlossen und innig geküßt. Aber es war ein Todeskuß, dem die innere Zersetzung des Staats- und Parteiapparats der DDR auf dem Fuße folgte. Natürlich waren auch andere Faktoren am Werk. Die Massenflucht über Ungarn und die CSSR, die friedlich-revolutionären Demonstrationen von Leipzig sollen nicht unterschätzt werden. Aber der entscheidende Wink war aus Osten gekommen, als Gorbatschow erklärte, das Schicksal der DDR entscheide sich in Berlin und nicht in Moskau. Angeblich waren die sowjetischen Kommandeure in der DDR angewiesen worden, die blutige Repression des Volksaufstandes, die manchen Machthabern der SED wohl vorgeschwebt hatte, durch die Immobilisierung der Nationalen Volksarmee zu vereiteln.

Unverdrossen hatte die sowjetische Führung verkündet, sie werde an der Eigenstaatlichkeit der DDR mit allen Mitteln festhalten, an eine deutsche Einheit sei erst in hundert Jahren zu denken. Über französische Quellen wurde sogar ausgestreut, Gorbatschows Sessel in Moskau werde im Falle einer deutschen Wiedervereinigung binnen weniger Stunden von einem Sowjet-Marschall besetzt. Einen Moment lang hatte der Kreml vielleicht geglaubt, mit Hilfe des wendigen Egon Krenz eine Perestroika »à l'allemande« durchführen und den territorialen Status quo im Herzen Europas stabilisieren zu können. An Fehleinschätzungen hat es offenbar nicht gefehlt.

Aber dann setzte sich auch in Moskau plötzlich und ruckartig die Erkenntnis durch, daß die DDR nicht mehr zu halten war. Gorbatschow gab – mit gewissen Restriktionen – der deutschen Einheit seinen Segen. Hans Modrow wurde nach vorn geschickt, um die alte Klamotte der gesamtdeutschen Neutralisierung – zurückgehend auf die Stalin-Offerte von 1952 – zu entstauben und neu zu präsentieren. Nur sollten die Russen und auch die Deutschen wissen, daß der oft beschworene Schlüssel zur deutschen Einheit, den die Sowjets früher in ihrer Tasche trugen, heute den Wählern der DDR und niemandem sonst zur Verfügung steht. Es gibt keinerlei Anlaß, eine Entwicklung, die Moskau ohnehin weder aufhalten noch beeinflussen kann, durch die Konzession einer verminderten Souveränität, durch die Akzeptierung außen- und militärpolitischer Lähmung, kurzum durch vertraglich besiegelte Neutralität abzugelten. Eine solche Isolierung der Deutschen, die zum ausgreifenden Nationalismus geradezu einlüde, wäre den westlichen Nachbarn nicht zuzumuten; sie dürfte aber auch den Russen und vor allem den Polen und Tschechen nicht geheuer sein. Das österreichische Modell tauge nicht für Deutschland – schon aufgrund der unterschiedlichen Dimensionen –, so hatten seinerzeit Molotow und Mikojan den späteren Wiener Bundeskanzler Kreisky beschieden. Kreisky selbst hat mir diese Aussage bestätigt. Helmut Kohl hat bereits zu verstehen gegeben, daß er für neutralistische Experimente nicht zu haben ist, daß er in diese Falle nicht hineintappen wird.

Die Kunst der deutschen Diplomatie in den kommenden Jahren wird darin bestehen, die Bindung, ja die Verankerung im Westen voll aufrechtzuerhalten, die westeuropäische Einigung resolut voranzutreiben und sie als Anziehungspol für ganz Osteuropa wirken zu lassen. Die deutsche Einheit setzt – wenn die bestehende kontinentale Harmonie im Westen nicht Schaden leiden soll – eine neue Dimension der europäischen Union, deren behutsame Ausweitung nach Osten voraus. Der Warschauer Pakt hat sich inzwischen aufgelöst. Und dem sowjetischen Oberkommando kann nicht wohl sein bei dem Gedanken an seine Elitedivisionen, die weiter auf dem Boden der ehemaligen DDR stationiert sind, in einem ungewissen Umfeld, das keine bündnisgerechten Garantien mehr bietet; ganz zu schweigen von den Verbindungswegen, von den logistischen Strängen dieser gewaltigen Streitmacht, die durch das unsichere rückwärtige Gebiet Polens führen. Alles drängt also auf eine massive konventionelle Truppenverringerung in Mitteleuropa. Hier kann auch die US-Army einen substantiellen Beitrag leisten, ohne daß dadurch die westeuropäische Sicherheit ernsthaft beeinträchtigt würde.

Bleibt das Schlagwort vom »gemeinsamen europäischen Haus«, mit dem Michail Gorbatschow und seine Gefolgsleute hausieren gehen, wohl wissend, daß dieser allzu vage Ausdruck auch schon von dem kalten Krieger Andrej Gromyko benutzt wurde. Als General de Gaulle in den sechziger Jahren mit seinem Vorschlag eines »Europa vom Atlantik zum Ural« herausrückte, hatte er Verwunderung und sogar Heiterkeit ausgelöst. Heute wird diese Formel auch in Deutschland nachgebetet, aber realistischer ist sie deshalb nicht geworden. Der russische Siedlungsraum endet ja nicht an den flachen Hügeln des Ural, sondern zieht sich mit einem einheitlichen territorialen Streifen durch ganz Sibirien bis zum Amur und zum Pazifischen Ozean hin. Der sowjetische Außenminister Schewardnadse hat auf diese ungewöhnliche Dimension des »europäischen Rußland« bereits hingewiesen. Dabei stellt sich allerdings die Frage, warum in dieses monströse Gebilde supra-kontinentaler Ausdehnung nicht auch noch das amerikanische Alaska eingegliedert werden sollte. Alaska war im 19. Jahrhundert bereits vom Zarenreich annektiert worden, ehe es – im Zeichen der aufkommenden Monroe-Doktrin – für einen symbolischen Preis an die USA abgetreten wurde. Die Einbeziehung der Sowjetunion in ein »gemeinsames europäisches Haus« ist ein geographischer »Nonsense«. Möglicherweise schwebt den Russen eine verschwommene Interessengemeinschaft zwischen Europa und den slawischen Völkern der Sowjetunion vor, aber in einer solchen Allianz der weißen Menschheit würden ja auch die Nordamerikaner ihren Platz haben. Hinter dem Begriff vom »gemeinsamen europäischen Haus« verbirgt sich in einer ersten Phase der Wunsch Gorbatschows, durch enge politische und vor allem wirtschaftliche Assoziierung mit dem Abendland die eigene Entwicklung voranzutreiben, den eigenen Lebensstandard endlich zu heben und darüber hinaus – dank der russischen Masse – entscheidenden Einfluß auf einen Kontinent zu gewinnen, den Paul Valéry als ein »Kap Asiens« beschrieb.

In einer zweiten Phase dürfte eine andere, sorgenvolle Vision ihre Rolle spielen: Die Sowjetunion sieht sich an ihrem Südrand – im Kaukasus und in Zentralasien – separatistischen Zersetzungserscheinungen ausgesetzt, die auf die Dauer sehr viel gefährlicher sein werden als das Aufbegehren der baltischen Republiken. Seit Afghanistan sind sich die Russen bewußt, daß sie in vorderster Abwehrfront gegen die große Aufbruchsbewegung der islamischen Völker stehen. Vielleicht hält man in Moskau nach weltweiter Solidarität Ausschau im sich anbahnenden Nord-Süd-Konflikt, den die USA auf ihre Weise in den sich häufenden Krisenzonen Lateinamerikas austragen müssen und mit dem sich sogar die Westeuropäer in Form einer aus dem südlichen Mittelmeer-Raum vordrängenden Völkerwanderung konfrontiert sehen. Hatte nicht de Gaulle, zu einem Zeitpunkt, da der Kreml noch glaubte, die farbigen Massen der Dritten Welt gegen den westlichen Imperialismus aufbieten zu können, prophezeit: »Eines Tages werden sogar die Russen begreifen, daß sie Weiße sind.«

Kurz vor seiner Polen-Reise war ich von Helmut Kohl zu einem Vier-Augen-Gespräch geladen worden. Es war später Abend. Die Häßlichkeit des Kanzlerbungalows – Relikt einer architektonischen Entgleisung aus der Ära Ludwig Erhards – wirkte ernüchternd. Die Regierungschefs der Bundesrepublik begnügten sich seit dem Vater des Wirtschaftswunders mit einer schäbigen Residenz, die jeder afrikanische Potentat weit von sich gewiesen hätte. In dieser Stunde gesamtdeutscher Szenenveränderung beeindruckte das Bonner Provisorium durch seine repräsentative Unzulänglichkeit.

Der Kanzler hatte es sich bequem gemacht. Das Hemd stand offen über einer beigen Wolljacke. An den Füßen trug er Sandalen. Er wirkte angestrengter und müder, als ich ihn in Erinnerung hatte. Er lehnte sich breit zurück, genoß vielleicht die kurze Pause der Entspannung vor den anstehenden hektischen Terminen. Welch ungewöhnlichen Weg hatte dieser Mann hinter sich gebracht, wenn ich an unsere erste Begegnung in der Mainzer Weinstube zurückdachte. Die damals abwegig erscheinende Vorstellung, er könne eines Tages Kanzler der Bundesrepublik Deutschland werden, hatte sich erfüllt. Dazu hat er mit Zielstrebigkeit, List und Unverdrossenheit weit mehr beigetragen, als seine Rivalen und Neider ihm zugestehen wollen. Aber auch das Glück war ihm treu geblieben, und es wurde ihm eine überdimensionale Schicksalsgabe in den Schoß gelegt. Spätere Chronisten werden berichten, daß die Auflösung der sowjetischen Vorherrschaft in Osteuropa mit der Kanzlerschaft Helmut Kohls zusammenfiel. Die Neugestaltung, ja die Wiedergeburt der deutschen Nation – welchen Konditionen, Konturen und Unwägbarkeiten sie auch weiterhin unterworfen bleiben – haben zur Amtszeit Helmut Kohls ihren entscheidenden Anlauf genommen. Dennoch mußte er sich jetzt fragen, ob die überstürzte Entwicklung, die sich kaum noch steuern ließ, ob die Flut der Emotionen, die sich jeder rationalen Deutung entzog, ihn nicht ins politische Abseits zu drängen drohten.

Offenbar war sich Kohl der immensen Verantwortung, die auf ihm ruhte, bewußt. Das erklärte eine Gravität des Verhaltens, die ich an ihm sonst nie bemerkt hatte. Während des Abendessens stand er auf, um mit Präsident Bush zu telefonieren. Die Bundesrepublik blieb der exponierteste Tragpfeiler der Allianz. Der pragmatische Politiker aus der Pfalz, mit dem ich in den sechziger Jahren oft durch seine heimischen, vertrauten Wälder gestapft war – er wie eine Art Rübezahl mit mächtigen Schritten stets voran –, sah sich in die Rolle der Schlüsselfigur, des einflußreichsten Regierungschefs Europas versetzt. Es erwies sich überdies, daß die Deutschen – trotz aller grauenhaften Belastungen der Vergangenheit – am ehesten geeignet waren, die geographische Nachbarschaft, die lange Gewöhnung und auch eine gewisse Affinität zu den entfremdeten Völkern Osteuropas wiederaufleben zu lassen. Die Stunde war ernst, denn jenseits der deutschen Selbstbefreiung in der DDR ging auf dem Balkan die »pax sovietica« zu Ende, und diese Südost-Ecke des Kontinents drohte erneut zum Pulverfaß Europas zu werden. Schon regten sich die verschüttet geglaubten Gespenster des Nationalismus.

Natürlich sprachen wir über das nunmehr schwierigere Verhältnis zu Frankreich. Schon am folgenden Abend würde Kohl mit Mitterrand im Elysée-Palast dinieren. Er sah eine seiner Hauptanstrengungen darin, das an der Seine aufkommende Mißtrauen, vor allem aber das akute französische Bewußtsein wirtschaftlicher Unterlegenheit nach Kräften zu dämpfen und durch Zugeständnisse zu kompensieren. Die neu gewonnene Macht der Deutschen sollte sich eines möglichst »niedrigen Profils« befleißigen. Tiefstapelei war angebracht. Die deutsche Effizienz – durch die Perspektive der DDR-Auflösung ins Bedrohliche gesteigert – würde für die stutzigen Nachbarn allenfalls unter Verzicht auf jegliches Prestigegehabe zu ertragen sein. Der Kanzler war gewillt, den Franzosen mit finanziellen Konzessionen weit entgegenzukommen, und er war sich voll bewußt, wie unentbehrlich die gallische Allianz für Deutschland blieb. Ohne diese auf Fusion zielende karolingische Grundkomponente ihrer Außenpolitik drohten die Deutschen doch wieder in eine verhängnisvolle Pendelposition zwischen Ost und West zurückzufallen, wären sie der fatalen Versuchung eines Schaukelspiels ausgesetzt, das sie selbst und alle übrigen Europäer schon zweimal in diesem Jahrhundert in den Abgrund geschleudert hatte.

Gewiß drängte sich Bedauern auf, daß bei diesem historischen Neuanfang deutscher Selbstbesinnung jede klangvolle Rhetorik abwesend war, daß weder ein pathetisches Wort noch eine pathetische Geste die grandiose Veränderung begleitete. Dennoch mußte man sich zu solcher Kargheit beglückwünschen. Der massive, behutsame Mann, der es sich nach dem Dessert auf dem Sofa bequem machte, war ein prädestinierter Garant für diese höchst prosaische Selbstbescheidung, für den heilsamen Verzicht auf jeden Triumphalismus.

Am Telefon meldete sich ein Mitarbeiter des Kanzleramtes. Es ging um die leidige Frage des deutsch-polnischen Gottesdienstes in Annaberg, der vom polnischen Episkopat zunächst vorgeschlagen worden war, dann aber aufgrund politischer Einwände wieder abgesagt werden mußte. Jetzt ging es darum, Dispositionen für eine katholische Messe in Kreisau zu treffen. War Willy Brandt vor dem Ghetto-Denkmal auf die Knie gefallen, so betrachtete Kohl, ohne es öffentlich kundzutun, die Reise nach Polen als eine Sühnewallfahrt.

Als Enkel Adenauers war der junge Pfälzer einst angetreten, und an diesem Abend im Bungalow schien es, als sei auch jene Skepsis, die der Alte von Rhöndorf der politischen Begabung, dem politischen Instinkt seiner Landsleute stets entgegengebracht hatte, auf seinen Erben übergegangen. Kohl sprach es nicht aus, aber ich hatte das Gefühl, daß ihn die wiedertäuferische Grundstimmung mancher Landsleute beunruhigte. Ursprünglich war sie pazifistisch gefärbt, gebärdete sich auch neutralistisch und drohte schließlich in einen Nationalismus umzuschlagen, der sich bei allen Bekenntnissen zu Gewaltlosigkeit und ökologischer Priorität aus dem Anspruch nährte, am deutschen Wesen müsse die Welt, müsse zumindest Europa genesen. Eine andere Sorge mochte den Kanzler bedrücken: Dem deutschen Esel war es in den vergangenen Jahren so gut gegangen, daß für ihn die Versuchung nahe lag, aufs Eis tanzen zu gehen.

Vor Jahren, als von den »Republikanern« noch nicht die Rede war, hatte Kohl bei einer ähnlichen Plauderei vor den Gefahren des Rechtsextremismus gewarnt. Jetzt hielt er nach anderen Bewegungen Ausschau, glaubte Ansätze des religiösen Fundamentalismus auch im deutschen Umfeld auszumachen. Der Kanzler wirkte nachdenklich, gab sogar einen Anflug von Resignation zu erkennen, der mir an ihm völlig unbekannt war. Er würde sich schon wieder aufrappeln, und der Pulverdampf der politischen Kontroverse, des polemischen Wahlkampfes würden ihn aufmuntern wie ein bewährtes Schlachtroß. Mit der zentralen Machtstellung und der erdrückenden Responsabilität, die ihm neuerdings zufielen, entdeckte Helmut Kohl vielleicht eine ihm bislang wenig vertraute Dimension der Politik: deren Tragik und Vergeblichkeit. Ob er sich einsam fühle, fragte ich. Das sei häufig der Fall, bestätigte er. Ob er zum Menschenverächter geworden sei, wie man es von Adenauer gesagt hatte. Da zuckte er mit den breiten Schultern: »Menschenverachtung liegt mir nicht.«

Ob das Ausland, vor allem die europäischen Nachbarn, die nunmehr fasziniert auf Bonn und Deutschland blickten, sich bewußt waren, daß sie mit diesem schwergewichtigen Kanzler aus der Pfalz einen Mann vor sich hatten, der jene soliden Tugenden der Verläßlichkeit, des Augenmaßes, der Beharrlichkeit auf dem einmal eingeschlagenen Weg der nationalen und europäischen Einheit verkörperte, wie sie in diesem Land Seltenheitswert besitzen?

Einer der Gründungsväter der Bundesrepublik, der schwäbische Liberale Reinhold Maier, hatte die deutsche Einheit als eine »schlafende Löwin« beschrieben. Das Fabeltier ist heute erwacht. Nun liegt es an den Verantwortlichen der deutschen Politik – in erster Linie am Kanzler –, daß diese Löwin weder die Nachbarn durch ihr Gebrüll erschreckt noch vor allem ihre Pranken spielen läßt.

Peter Scholl-Latour

UNTERWEGS

Am 15. November 1988 besucht Bundeskanzler Helmut Kohl
den aus dem Amt scheidenden amerikanischen Präsidenten Ronald Reagan
im Oval Office des Weißen Hauses in Washington.

*Die Georgetown University in Washington
verleiht Helmut Kohl die Ehrendoktorwürde.*

*Seiner Visite bei Ronald Reagan
gehen vom 24. Oktober bis 27. Oktober 1988
Gespräche im Kreml voraus.*

*Auch ein reiner Arbeitsbesuch ist von protokollarischen
Ritualen umrahmt, wie dem Antreten einer militärischen Ehrengarde
auf dem Flughafen Wnukowo II vor der Boeing 707 der Bundesluftwaffe und einer
Kranzniederlegung am Grabmal des Unbekannten Soldaten.*

Besuche in Indonesien, Australien, Neuseeland
und Singapur stehen auf dem Programm einer Reise, die der Bundeskanzler
am 29. September 1988 antritt.

*Die Besichtigung der Tempelanlage von Borobudur
bei Jogyakarta auf Java findet genau am sechsten Jahrestag
seiner Kanzlerschaft statt.*

In Australien, wo Helmut Kohl mit militärischen Ehren
durch Premierminister Robert Hawke vor dem Parlamentsgebäude von Canberra
begrüßt wird, erhält er die Nachricht vom Tode des
bayerischen Ministerpräsidenten Franz Josef Strauß. Deshalb muß der Besuch
in Neuseeland und Singapur abgesagt werden.

ST. GILGEN

*Seit vielen Jahren verbringt Helmut Kohl
seinen Sommerurlaub im österreichischen Sankt Gilgen am Wolfgangsee.
Die Fotografien entstanden in den Jahren 1988 und 1989.*

BONN

Zwischen den Regierungen Frankreichs und der Bundesrepublik Deutschland finden regelmäßig Konsultationen statt. Am 4. November 1988 besucht eine französische Delegation unter Staatspräsident François Mitterrand Bonn. Nach der gemeinsamen Sitzung begeben sich die Kabinettsmitglieder zu einer Pressekonferenz.

Während der Verhandlungspausen im Garten des Palais Schaumburg.

Zu einem viertägigen Aufenthalt in der Bundesrepublik Deutschland
trifft der Generalsekretär des ZK der KPdSU und Vorsitzende des Obersten Sowjets,
Michail Gorbatschow, im Juni 1989 in Bonn ein. Nach Besuchen in anderen
deutschen Städten und nach zahlreichen offiziellen Veranstaltungen ist Gorbatschow
zusammen mit seiner Frau Raissa von Helmut Kohl und dessen Frau Hannelore
am Abend des 14. Juni 1989 im Kanzlerbungalow zu einem privaten
Abendessen eingeladen. Den zwanglosen Gedankenaustausch im Garten ermöglichte
der langjährige sowjetische Dolmetscher Iwan Kurpakow.

Eine Fahrt auf dem Rhein gilt als beliebte Attraktion
für ausländische Besucher. Beim ersten offiziellen Deutschlandbesuch
des neugewählten Präsidenten der Vereinigten Staaten von Amerika, George Bush,
und seiner Frau Barbara am 30. und 31. Mai 1989 nutzt der Bundeskanzler
den Schiffsausflug zur Begegnung von Persönlichkeiten aus Politik,
Wirtschaft und Kultur mit dem Präsidenten.

Nach dem offiziellen Fototermin ein Ständchen der Chorgruppe Lohner aus Koblenz auf dem Achterdeck.

Ausgewählte Gäste am Ehrentisch im Salon.

RUHE

In den Auenwäldern des Altrheins bei Speyer
begegnet Helmut Kohl der Landschaft seiner Jugend.

*Dieses Bild entstand
beim Mittagessen in einem ländlichen Gasthaus.*

POLEN

Am 9. November 1989 fliegt Helmut Kohl
mit zahlreichen Mitgliedern seines Kabinetts nach Warschau.

Die Nachrichten aus Ost-Berlin,
Leipzig und anderen Städten der DDR veranlassen den Bundeskanzler,
seinen Besuch in Polen für einen Tag zu unterbrechen.

*Nach seiner Rückkehr aus Berlin und Bonn
nimmt er mit dem polnischen Ministerpräsidenten Tadeusz Mazowiecki
an einer Messe im ehemals deutschen Kreisau teil.*

Am letzten Tag der Reise besucht er das einstige Konzentrationslager Auschwitz. Die Bilder zeigen die Schwarze Wand – den Ort täglicher Erschießungen –, eine Gaskammer und eine Zelle.

»Die Mahnung dieses Ortes darf nicht vergessen werden.
Den Angehörigen vieler Völker, insbesondere den europäischen Juden, wurde hier
in deutschem Namen unsagbares Leid zugefügt. Hier geloben wir erneut,
alles zu tun, damit das Leben, die Würde, das Recht und die Freiheit jedes Menschen,
gleich, zu welchem Gott er sich bekennt, welchem Volk er angehört und
welcher Abstammung er ist, auf dieser Erde unverletzt bleiben.«

DRESDEN

*Zum letzten politischen Höhepunkt
des ereignisreichen Jahres 1989 wird für den Kanzler wenige Tage vor Weihnachten
seine Rede vor der Bevölkerung Dresdens.*

Am 19. Dezember trifft er den neuen Ministerpräsidenten der DDR, Hans Modrow, im Ludwig-Richter-Salon des Hotels »Bellevue« gegenüber der Semper-Oper zu einem längeren Gespräch.

Seit dem 9. November 1989 sind die dramatischen Ereignisse in der DDR und in Osteuropa das beherrschende Thema in Bonn, so auch in der morgendlichen Diskussionsrunde im Arbeitszimmer des Bundeskanzlers.

AM ATLANTIK

*Der ständige Meinungsaustausch mit den westlichen Alliierten
bleibt eine der Grundlagen der Bonner Politik. Die erste Reise im neuen Jahr
führt Helmut Kohl am 4. Januar 1990 nach Latche in Südwestfrankreich,
dem Landsitz des Staatspräsidenten Mitterrand.*

Der private Kurzbesuch wird – für den Kanzler unerwartet – bei einem Spaziergang an der Atlantikküste zum Medienereignis.

ZU DEN FOTOGRAFIEN

Ein japanisches Sprichwort sagt, daß ein Bild nicht vom Künstler, sondern vom Betrachter vollendet wird. Dieser Satz klingt im ersten Augenblick befremdlich, und die Prüfung seiner Gültigkeit wäre eine längere Hausaufgabe für Philosophen. Aber für unseren kleinen Ausflug in das unübersichtliche ästhetische Terrain, wo sich Fotografie und Politik begegnen, ist er ein guter Wegweiser. Denn er mahnt uns zu nüchterner Bescheidenheit: Kaum etwas wird mit so kontroversen Gefühlen angesehen wie die Abbilder von Politik und Politikern – unsere Mutmaßungen können deshalb kaum auf Verbindlichkeit pochen. Und dies umso weniger, als es keine schlüssige Theorie über die Wechselwirkung von Politik und Fotografie gibt.

Das Medium Fotografie und die bis heute gültigen Verkehrsformen demokratisch-parlamentarischer Politik sind im wesentlichen im 19. Jahrhundert ziemlich gleichzeitig in Frankreich entstanden. Keine Frage, daß die Fotografie die Politik seitdem nicht nur begleitet, sondern in steigendem Maße auch beeinflußt und verändert hat – für jedermann sichtbar, seitdem die Bilder erst im Film, dann im Fernsehen in Bewegung gerieten. Parlamentarische Demokratie ist auf Öffentlichkeit angewiesen und versucht deshalb im Zeitalter »massenhafter« politischer Teilhabe auch »massenhafte« Kommunikation. Seit es technisch möglich ist, seit den Anfängen des Fotojournalismus zu Beginn des zwanzigsten Jahrhunderts also, gehört zu den Konstanten des politischen Lebens auch die wirkliche oder scheinbare optische Greifbarkeit der Personen und Ereignisse. Die Ideologen der Fotodemokratie begründeten den Anspruch des Mediums mit dem Slogan »ein Bild sagt mehr als tausend Worte«. Inzwischen wissen wir, daß der ungeheure Bildhunger der modernen Massengesellschaften eine zweischneidige Sache ist und den »terribles simplificateurs« Gelegenheit genug zur Manipulation bietet – von der vergleichsweise harmlosen Parteilichkeit der Bilder im demokratischen Wahlkampf bis zur abstoßenden Lügenfabrik der Bildpropaganda in totalitären Staaten. Kulturkritische Anmerkungen zur »verflachenden«, die Ideale der aufgeklärt-bürgerlichen Demokratie gefährdenden Fotoinflation ließen sich leicht aufhäufen. Sie fielen wohl noch schärfer aus, wenn man sich klarmachte, wie vieldeutig, wie wetterwendisch das fotografische Medium aus seinen technischen Möglichkeiten heraus notwendigerweise ist. Fotografien können Zeugnis sein, genauso oft aber auch Kunst, Botschaft, Industrieprodukt oder eine schwer durchschaubare Mischung mehrerer Bedeutungen.

Diese Vorbehalte ändern nichts daran, daß die »Pflicht zum Foto« zum politischen Geschäft gehört. Demokratie mit ihrer Herrschaft auf Zeit bringt auch die Bürde der Repräsentation auf Zeit mit sich. Nur in unhistorischer Perspektive aber ist optische Repräsentation ein nebensächliches Accessoire der Politik. Die »körperliche« Darstellung der demokratisch errungenen Macht ist, das lehrt ein Blick gerade auf die alten Demokratien des Westens, ein integraler Bestandteil des politischen Systems. Wie geht die Fotografie aber mit den Mächtigen um?

Von der verklärenden Bildkunst, die etwa der große Cecil Beaton dem Krönungsakt Elizabeths II. 1953 gewidmet hat, können gewählte Politiker nur wehmütig träumen. Sie erfahren täglich eine Komponente der Fotografie, welche die amerikanische Essayistin Susan Sontag unverhohlen als Aggressivität definiert. Naturvölker fürchteten die ethnographische Kamera, weil sie »den Schatten raubt«; eines der frühesten Bilder der Fotogeschichte zeigt 1842 den Maler Eugène Delacroix, wie er in einer Gebärde resignierter Abwehr die Hände gegen das optische Zielgerät erhebt. 150 Jahre später wissen wir, wie aussichtslos diese Schutzgeste geworden ist. Politikern bleibt nicht einmal das Recht am eigenen Bild. Sie sind sich klar, daß am Eingang zur demokratischen Arena die Unterwerfung unter die Allgegenwart kaum kontrollierbarer Bildgestalter hinzunehmen ist.

Wo sind, auf so skizziertem Feld, die Aufnahmen zu orten, die Konrad R. Müller von Helmut Kohl gemacht hat? Müller, kein Mann der Branche, sondern ursprünglich Maler, hat bisher unter anderem Bücher über Konrad Adenauer, Bruno Kreisky, Anwar el Sadat, François Mitterrand und Willy Brandt vorgelegt, auch einen Band mit Fotostudien aller Kanzler der Bundesrepublik Deutschland. Das erinnert zunächst an den legendären Yousuf Karsh, der seine mit großer Plattenkamera aufgenommenen Huldigungen an die Mächtigen der Welt unter dem bezeichnenden Titel »In Search of Greatness« publiziert hat. Aber Karshs Monumentalisierungen sind das Ergebnis ausgetüftelter Studiositzungen voller Beleuchtungstricks gewesen. Die Brillianz von Müllers Fotos hingegen rührt von der leidenschaftlichen Konzentration des Malers auf das letzte Stadium der Bildgestaltung, die Herstellung des Abzugs in der Dunkelkammer. Bewußt oder unbewußt bezieht sich diese Technik auf die Tradition der deutschen Kunstfotografie, wie sie zum Beispiel in den großen malerischen Porträts von Hugo Erfurt in den zwanziger Jahren aufscheint. Das ist am besten gelungen in den radikalen Nahsichten, wo aus dem Gesicht fast eine geologische Formation wird. Der Bundeskanzler als Fels in sich gekehrten Nachdenkens – ein Bild jenseits aller platten Heroisierung, die Müllers Sache nicht ist.

Man unterschätze jedoch den Autor, wenn man sich allzulang mit seinen graphischen Meriten aufhielte. Denn Müllers Fotos sind mehr noch interessant wegen ihrer analytischen Qualität. Seine Methode ist die des gleichmütigen Flaneurs in der Szenerie der Macht. Ähnlich dem großen Dr. Erich Salomon, der sich im Frack durch die Konferenztüren schmuggelte, so nützt Müller als Laisser-passer eine listig stilisierte Eleganz, die ihm die Absonderung vom Schnappschuß-Geschäft der Meute ermöglicht. Daß Müllers Bilderfolge über den Kanzler zunächst von diesem weniger erzählt als von den Ritualen der Reportage, ist außerordentlich erhellend. Denn es zeigt die zum Teil absurden, immer aber verzerrenden Bedingungen, unter denen die Fotos aufgenommen werden, die später unsere vermeintlich realistischen Vorstellungen von der Person in den Medien prägen. Selten habe ich ein Bild gesehen, das die heillose Problematik des Verhältnisses zwischen politischer Symbolik und ihrer medialen Verbreitung so scharf beleuchtet wie das Panorama der Szene, die

Helmut Kohl zusammen mit den Reportern in Auschwitz zeigt. Es kennzeichnet Müllers Spürsinn für das wirklich historische Bild, daß er sich ausgiebig mit vordergründig Nebensächlichem beschäftigt. Aus späterer Sicht aber werden vielleicht einmal die Notizen über Autotüren, Flugzeugtreppen, wartende Sicherheitsbeamte, Dolmetscher, Helfer, über den Hubschrauberwind und das gänzlich unmajestätische Arbeitszimmer Helmut Kohls, über Absperrgitter und verlassene Teetische von der Realität der »Politik als Beruf« besser künden als Memoirenbände.

»Berühmte Zeitgenossen in unbewachten Augenblicken«, so hieß Erich Salomons Fotobuch von 1931. Müllers Kanzlerbilder zeigen, daß die Fotografenlegende vom heimlichen »wahren« Bild des Politikers als Mensch sich überlebt hat, weil es keine unbewachten Augenblicke mehr geben kann. Stattdessen hat Müller seine Sorgfalt und Fairneß darauf konzentriert, das Unverborgene in prägnanten Bildern zu verdichten. Der Bundeskanzler und die Macht: Wer sich für den psychischen Fond der Politik interessiert, wird in der Serie der Nahaufnahmen intelligente Deutungen von Kohls Persönlichkeit finden. Müller insistiert auf dem gesammelten Ernst als durchgehendem Zug. Der Bundeskanzler als Erscheinung: Müller skizziert die ungewöhliche, seine Umgebung in der Regel sperrig ins optische Mißverhältnis bringende Gestalt ohne die Weitwinkel-Fahrlässigkeit der Fernsehreportagen, aber auch ohne jedes Pathos. Stattdessen gibt er diskrete ikonographische Assoziationshilfen. Ohne die Brille – dieser Tarnkappe der Angestelltenkultur –, erst recht aber auf jenen Bildern, wo er einen Mantel trägt, erinnert Kohl in der Gestaltung Müllers an die energischen, baulustigen Fürstbischöfe des 18. Jahrhunderts, deren Stärke aus unerschöpflichem Gottesvertrauen und unendlichen Beziehungen rührte. Schließlich, unvermeidbar in einem solchen Buch: der Kanzler privat. Von dem Kriegsfotografen Robert Capa gibt es den Spruch »wenn deine Bilder nicht gut genug sind, dann warst du nicht nah genug dran«. Müllers Bilder sind gut, gerade weil er dem Kohlschen Familienleben bewußt nicht so nahe gerückt ist, wie er es wohl hätte tun können. Der Szenenwechsel zu Wiese und Wald reicht. In die imaginäre Reihe klassischer Fotos von Politikern in der Natur gestellt (Churchill mit Homburg-Hut in seinem Park sitzend, LIFE 1951; de Gaulle am Mittelmeerstrand im untadeligen Anzug, mit Stock und Hut, LIFE 1946), erzählen sie Charakteristisches genug. Da scheint ein Mann bei sich selbst zu sein, dem die Stadt nicht abgeht. Das Freizeitgewand wirkt nicht wie ein bald wieder abzustreifendes Büßerhemd nach allzuviel Droge Politik. Helmut Kohl beim Durchqueren einer Wiese, offenbar am Boden etwas Bemerkenswertes im Blick behaltend; Helmut Kohl vor einem Schuppen sitzend, mit der Miene eines Winzers, der auf einen erfreulich reich gesegneten Weinberg blickt – mag sein, daß solche Idyllen im Verhältnis zu den Tausenden »politischer« Kohl-Bilder, Kohl-Augenblicke nicht allzuviel Bedeutung haben. In dem Fächer von Charakterbeschreibungen, die Müllers Bilder in Wirklichkeit sind, wiegen sie gleichwohl schwer. Denn es ist nicht gleichgültig, wo ein Mensch offenkundig glücklich ist.

Wer nun grübeln mag, in welchen von diesen Fotos der wahre Helmut Kohl ans Licht kommt, der soll grübeln. Eine unbestreitbar angenehme Seite unserer Demokratie ist aber, daß der Bürger es auch bleiben lassen kann. Denn nicht über dieses oder jenes Wesen der Regierenden wird alle vier Jahre abgestimmt, sondern über Nutzen oder Nachteil der gemachten Politik für das Leben. Darüber könnte man auch Fotos machen – aber das ist dann ein anderes Buch.

Christoph Stölzl

ÜBER DIE AUTOREN

KONRAD R. MÜLLER, geboren 1940 in Berlin, studierte ab 1962 Malerei bei Professor Hans Jaenisch an der Hochschule für Bildende Künste in Berlin. 1965 Hinwendung zur Fotografie.
Einzelausstellungen im In- und Ausland. Die Fotografien zu seinem Berlin-Buch gehen in einer mehrjährigen Präsentation rund um die Welt. Die Bände »Konrad Adenauer«, Text Golo Mann, und »Berlin«, Text Wolf Jobst Siedler, erhielten jeweils den Preis der Stiftung Buchkunst als eines der schönsten Bücher des Jahres. Für in diesem Band veröffentlichte Porträts von Helmut Kohl wurde Konrad R. Müller im Februar 1990 vom Art Directors Club für Deutschland die »Goldmedaille für Fotografie 1989« verliehen.

PETER SCHOLL-LATOUR, geboren 1924 in Bochum, studierte an den Universitäten Mainz, Paris und Beirut. Promotion (Lettres) in Paris. Seit 1950 Journalist. 1960–1963 Afrika-Korrespondent der ARD, 1969–1971 Programmdirektor des WDR-Fernsehens, 1971–1983 Chefkorrespondent des ZDF in Paris, 1975–1983 zusätzlich

Leiter des Pariser ZDF-Studios. 1983–1988 Mitglied des Vorstandes von Gruner und Jahr sowie Herausgeber der Zeitschrift »stern«, 1983–1984 auch deren Chefredakteur. Beiratsmitglied der UfA-Film- und Fernseh-GmbH und Mitglied des Vorstandes der Compagnie Luxembourgeoise de Télédiffusion (CLT). Peter Scholl-Latour wurde für seine Arbeiten vielfach ausgezeichnet.

Biographie

Als Band mit der Bestellnummer 61 189 erschien:

Christian Graf von Krockow zeichnet in seinem lebendigen Essay das Bild des Menschen Friedrich, das Generationen hindurch vom Glanz und Nachruhm des Königs nahezu verdeckt war.

Biographie

Als Band mit der Bestellnummer 61 195 erschien:

In diesem mit zahlreichen Bildern versehenen Band wird nicht nur der berufliche Alltag des in aller Welt geschätzten Politikers geschildert; darüber hinaus gewinnt man auch Einblick in sein Privatleben.